# 轉生圖像世界的多種方法

台灣 ACG 研究學會年會論文集 2

～目次～

003 著／Martin Roth、譯／劉又瑄
正典背後的遊戲文化：元數據 (meta-data) 分析的潛力和局限

015 Zoltan Kacsuk
Knowledge graphs and artificial intelligence in manga and anime research: Exploring the future of research with the Japanese Visual Media Graph project

037 劉俐華
《Summer Sunshine》AIGC 漫畫協作創作論述

066 鄭明秋、范如菀
動畫中寫實場景影像實驗性初探：以《男女蹺蹺板》爲例

085 詹宜穎
難以撼動的性別角色？從性別革命觀點思考「能幹貓」的出現

102 劉貞妤
臺灣腐女的身分揭露經驗之探究

124 王佩迪
從博物館漫畫典藏初探 1950-1960 年代臺灣漫畫產業

150 吳奕勳
現代日本漫畫展示的「少年像」：以《我的英雄學院》爲例

178 臺芸綸
以洛夫克拉夫特式恐怖解析人外 BL 作品《光逝去的夏天》

201 許凱傑
當年充滿著作爭議的《原神》，現在怎麼樣了？——智慧財產法與遊戲品牌發展之探索

# 正典背後的遊戲文化：
# 元數據 (meta-data) 分析的潛力和局限

Martin Roth* 著
劉又瑄譯

## 一、引言

　　早期的遊戲研究多半圍繞著作品分析以及產業批判展開。我本身亦受到遊戲表現的潛力所吸引，而致力研究遊戲的表現力。我將遊戲視為一種需要由電腦啟動的行動媒介，並對遊戲公司所開發的軟體在電腦上執行後，因玩家行為所產生的多樣化遊戲世界感興趣（Roth，2017）。我深信作為一名研究者，單純的玩遊戲並不足以捕捉遊戲的豐富可能性，因此也使用了網際網路上廣泛流傳且公開的遊玩感想、攻略情報、遊戲元數據、實況影片，以及各種論壇的討論作為研究材料。不過，當時的我僅是將這些資訊視為對分析遊戲世界有用的材料，也就是將其作為一種參考資料或「次要文本」(Paratext) 來看待。

　　當然，這種研究取徑直到現在依然適用，畢竟對遊戲及其產業進行批判從以前到現在都十分必要。與此同時，隨著遊戲文化逐步擴展，上述被視為遊戲的邊陲的次要文本也衍伸出自身的文化，它們正在成為一種超越遊戲本身的遊戲文化，以至於在某些情況下，與遊戲本身甚至已經沒有太大關聯，許多人不玩遊戲卻也會觀看實況影片正說明了這一點。在本文當中，我希望能透過分析《死亡擱淺》(SONY，2019) 的一部分 YouTube 影片，建構並提出新的視角，以期研究這些在遊戲之外發展的遊戲文化。我相信在這樣的研究過程當中，我們看到的不僅僅是玩遊戲時所發生的「遊玩」（遊び）行為，亦有樂在遊

---

* 日本立命館大學大學院先端總合學術研究科副教授。

戲（ゲームで遊ぶ）這種數位空間獨有的新遊玩方式。這裡的「遊玩」是參照 Henricks、Bogost、Patterson 等學者的觀點來使用，指的是充滿好奇心地投入某種不確定結果的活動當中，進而創造新的意義。（Henricks 2015; Bogost 2016; Patterson 2020; ロート forthcoming）

　　爲了使這類新興的遊玩形式得以可視化，我們必須要理解構築數位空間的各種平台所依循的原理，並理解基於這些原理展開的使用者行爲。除了需要對具體案例進行質性分析以外，我們同時也需要發展一套能夠廣泛分析作爲平台原理重要基礎的大量數據的研究方法。本文將在分析具體影片的過程中，採用「元數據分析」的量化研究方法。這是一種透過利用元數據，從量化視角來分析遊戲與媒介文化的研究方式（Roth & Kacsuk 2025; Roth 2025）。這是以文化分析與數位人文學爲背景，由筆者與共同研究者一起開發出來的方法，由於其應用在具體作品上仍有無法全面捕捉的部分，因此希望能夠結合質性分析，以獲得更深入的了解。同時，這種以量化數據爲著眼點的方式除了可以透過宏觀視角讓遊戲文化的一面得以可視化，亦能擺脫在遊戲研究中選擇普遍可見的「正典」，亦即高評價、高人氣的作品或實況影片作爲研究對象的固有傾向，開創一條新的研究取徑。我認爲將冷門遊戲與其影片、現象等一併納入研究視野，才能對遊戲文化有更寬廣的理解。

　　在此需要注意的一點是，即使量化與質性研究的組合是可行的，但也不需要將兩者強行統合爲同一個系統。這兩者在本質上實爲不同的研究取徑或關懷。然而，我認爲透過這種組合，對於現代遊戲、遊戲文化，以及遊玩與數位空間的關係可以有更多元的認識。簡而言之，這種研究將會聚焦於圖 1 有著色的部分。

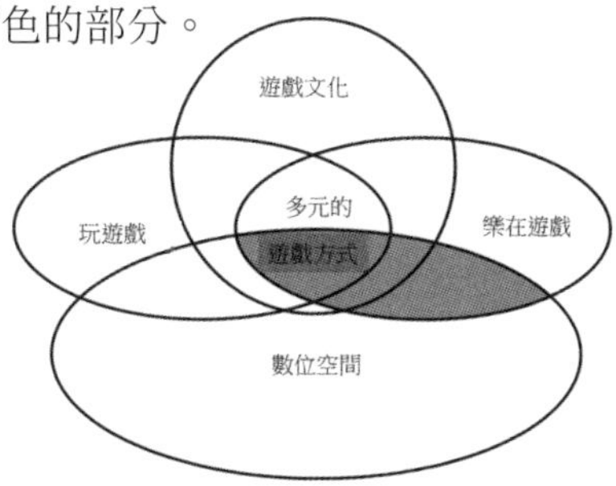

圖 1：遊戲文化的領域
（圖片來源：作者自製）

## 二、以《死亡擱淺》為例

本文欲討論的案例是《死亡擱淺》(Death Stranding，以下簡稱 DS) 的相關影片活動。DS 是一款由小島工作室 (Kojima Productions) 所開發，由索尼公司於 2019 年在 Play Station 發售的遊戲。在遊戲當中，玩家的任務是要操控 Sam Porter 這名送貨員，透過送貨這項工作串聯起支離破碎的各個北美城市。DS 有著複雜又龐大的敘事，也是一款開放世界遊戲，以其複雜的故事情節與獨特的多人遊玩系統而聞名。但本文將不對這些進行詳細介紹，而是集中探討在 YouTube 上的相關影片，以及影片當中「樂在遊戲」(ゲームで遊ぶ) 的行為。

首先確認遊戲的基本流程與要素。基本上包含以下步驟：①接受委託、②接收包裹、③根據目的地選擇裝備、④進行配送、⑤獲得評價與相對應的報酬。若能成功送達貨物的話，就能讓城市與城市之間逐漸相連；同時，主角也將逐步由東向西橫越北美大陸。

相較於遊戲的世界觀，本文更關注在遊戲內所發生的行為本身。遊戲內的運送過程中會遇到各式各樣的敵人或障礙物，但最危險的其實是環境本身。就算沒有和敵人發生衝突，光是在險惡的「自然」當中送貨這件事，就會干擾到主角的穩定性。玩家在背負重物的情況下，常會遇到要走下陡坡、在碎石地面被絆倒，抑或是在渡河時被一點小水流影響就跌倒的狀況。而這款遊戲的核心課題，就是玩家要在如同搖桿即將失去控制般的情況下，設法穩住主角，並讓他冷靜下來。(Martin Roth，2021)

玩家藉由克服障礙並獲勝的遊戲過程中，來體認自己的技術，並且從中獲得成就感。DS 套用了同樣的邏輯，卻持續提供了不穩定的角色和難以控制的操作——至少，對我這種不擅長玩遊戲的人來說是如此。對此，遊戲研究者 House 指出，這是 DS 把基本遊玩的機制與「肉體不穩定的設計 (physical precariousness)」做連結，並且透

過人物的動作和遊戲搖桿的「重量」，讓玩家也能體驗配送員這種勞動階級在經濟上與肉體上的不穩定性（House， 2020：300）。

同時，遊戲還吸引到創業型的玩家。玩家以在最短的時間內，最有效率地搬運最多貨物為樂，而那些較受平台重視的玩家，則逐漸變成某種「平台（經濟）的奴隸」，與遊戲主題正好吻合。與 Sam 這位不斷表現出「缺乏幹勁」的主角比起來，至少我在了解遊戲原理之後，就開始追求更有效率地去載運更多貨物，以換取更高的評價。這既是遊戲的目的，也是樂趣的一部分。有了自律與績效意識，一邊奴役角色——因為他只存在數位空間裡面，所以很好被榨取（或許「榨取」這個詞本來就不應適用於此）——來賺取分數跟升級，然後往西移動。

排除我自身的遊戲過程可能融入了研究者的動機和自身性格，DS 的重點正體現於此。玩家若想充分利用這名勞動者，需透過遊玩來探索其極限，以求突破運送困境並駕馭遊戲，當他們在目睹送貨過程之嚴酷的同時，自己也成為了榨取送貨員的共犯。更諷刺的是，這個過程以一種極為引人入勝的娛樂形式來呈現，也更進一步強化了這種體驗。

## 三、有關 DS 的影片播放

這部作品揭露了文化產業娛樂作為遊戲的矛盾性，同時也是當代新自由主義式資本主義的平台化與遊戲化的最佳代表。儘管有玩家批評 DS 只是一款「走路模擬器」，在看了實況影片下的留言後，我發現也有玩家和 House 一樣，在這款遊戲中發掘到更深層次的意涵。例如，在ぐの的一支有 16 萬以上播放次數的實況影片裡提及：「當然了，死亡擱淺的世界所描繪的並非人類的未來的真實或可能性。相反的，這部作品透過將我們所處的現實未來轉化為虛擬世界的形式，以拋出當代社會中發生的諸多問題來讓玩家思考，這才是本作的重點。」（ぐう実況ゲーム紹介 ch 2021, min. 4.36）

House 和ぐう的解讀都是將遊戲視為當代社會的隱喻。解讀的範

圍很廣，不過多數遊戲研究者都嘗試以遊戲內外世界具有關聯性爲前提來進行解讀。例如早期 Murray 對於俄羅斯方塊（Tetris）的解釋十分著名，她認爲那些逐漸加快掉落速度的方塊，正象徵著 1990 年代美國人過於忙碌的生活（Murray，1997：143-44）。儘管這種解釋在後來受到批評，但此研究指出遊戲內的情境無論是使用具體或抽象的表達方式，都有可能反映出遊戲外的世界，該論點引發了這種聯繫的思考，當代也仍舊存在這種前提。例如，Bogost 將遊戲視爲一種世界的選擇性模擬（Bogost，2007）；Galloway 則認爲遊戲不應被視爲隱喻，而應被理解爲以演算法爲核心的系統，他也強調，透過遊戲過程，玩家得以理解各個遊戲的「演算法」，並能藉此體驗「控制」行爲所隱含的寓意（Galloway，2006）。

無論如何，在將遊戲視爲當代批判的同時，多數評論者都是以隱喻或模擬的關聯性爲前提，來進行抽象性的解讀。如 House 與ぐう所示，DS 是生活在新自由主義式資本主義當中，當代不穩定勞動階層或主體性的展現，更可以解讀成是對於平台管理之下進行配送或宅配的非正式員工所面臨的危險的批判。由於多數玩家都會使用送貨服務或從事相關工作，很快就能聯想到這點。而在疫情期間，有關這方面的評價也更進一步地受到強化。

有趣的是，部分 DS 的相關影片卻採取了與上述不同的解讀方式。利用 YouTubeAPI，根據 YouTube 特有評價體系「關聯性」的條件排序，我們抓取了關聯性最高的前 200 支的實況影片，並發現其中幾支排名靠前的都是與「揹工」主題有關的影片（表 1）。

表 1： YouTube API 抓取結果前 20 件，按照「死亡擱淺」、「關聯性」排序，2023 年 9 月 22 日。

| 影片 ID | 標題 | 頻道名稱 |
|---|---|---|
| B8iqcLckSgI | 【ゲームさんぽ】歩荷の人と背負うデス・ストランディング 1 話 荷造り〜出発編【DEATH STRANDING】<br>（【遊戲散步】與揹工一同背負死亡擱淺 第 1 話 打包行李〜出發篇【DEATH STRANDING】） | なむ |

| U9RJV4aNhK8 | 【ゲームさんぽ】歩荷の人と背負うデス・ストランディング 3 話 わるい歩荷〜エルダー訪問編【DEATH STRANDING】（【遊戲散步】與揹工一同背負死亡擱淺 第 3 話 好糟糕的揹工〜拜訪長老篇【DEATH STRANDING】） | なむ |
|---|---|---|
| 7Tb64IcsbiA | 【ゲームさんぽ】歩荷の人と背負うデス・ストランディング 2 話 渡渉〜残置物編【DEATH STRANDING】（【遊戲散步】與揹工一同背負死亡擱淺 第 2 話 渡河〜遺留物篇【DEATH STRANDING】） | なむ |
| c-JUx5Ch76w | 【ゲームさんぽ】歩荷の人と背負うデス・ストランディング 最終話 セーフハウス〜雪山編【DEATH STRANDING】（【遊戲散步】與揹工一同背負死亡擱淺 最終話 藏身所〜雪山篇【DEATH STRANDING】） | なむ |
| Yv_WLfvCaP0 | 【リアル　デス・ストランディング】141kgの荷物を運ぶ歩荷さん（【現實版死亡擱淺】能扛起 141kg 貨物的揹工） | Japanese Porter - 尾瀬 歩荷 - |
| zu5OFoBdres | 【リアル　デス・ストランディング】右肩ニキ（【現實版死亡擱淺】右肩大大） | Japanese Porter - 尾瀬 歩荷 - |
| N_4n-MR9BVE | 山屋と（勝手に）語るゲームさんぽ【前半】（與登山迷（隨意地）聊聊遊戲散步【前半】） | まだら牛 |
| iPIiAbc5Y3c | 『DEATH STRANDING 2（Working Title）』日本語字幕 / TGA 2022 ティザートレーラー（《死亡擱淺 2（暫名）》日文字幕 / TGA 2022 預告片） | PlayStation Japan |
| lAmV85Ib2Ek | SIMPLE 2020「THE 歩荷」 デスストランディング（SIMPLE 2020「THE 揹工」　死亡擱淺） | チンプソン |

| bAuYh-FLP_U | 【注意喚起】尾瀬ヶ原で熊と鉢合わせ、その時歩荷さんがとった行動とは？<br>（【注意】在尾瀬濕原遇見熊，這時揹工怎麼做？） | Japanese Porter - 尾瀬 歩荷 - |
|---|---|---|
| IdDAXPzlj2o | 【ひろゆき】●●が楽しいからこのゲームは面白い！デス・ストランディングが面白い理由を分析する【切り抜き / 論破 / 小島秀夫 / 背負子 /PS4/DEATH STRANDING】<br>（【HIROYUKI】這個遊戲好玩是因為●●很有趣！分析死亡擱淺好玩的原因【精華 / 論破 / 小島秀夫 / 背架 /PS4/DEATH STRANDING】） | ひろぬき【ひろゆき切り抜き】 |
| 2I_UYmJEX3I | SIMPLE 2020「THE 歩荷」　デスストランディング<br>（SIMPLE 2020「THE 揹工」　死亡擱淺） | チンプソン |

　　當中也包括不做任何評論，單純呈現腳踏實地送貨過程的《SIMPLE 2020「THE 搬運工」》系列，但最有趣的是實況者「なむ」由4集影片所組成的〈【ゲームさんぽ】歩荷の人と背負うデス・ストランディング〉（【遊戲散步】跟揹工一起玩死亡擱淺）系列。那是從字面意義上去理解主角的名字（Porter，意同搬運工、揹工），並用從事「揹工」這個職業的視角去看待 DS 的一系列熱門影片。なむ所製作的這些影片也屬於「遊戲散步」系列的一環，該系列的創作理念即是邀請專家和實況者一起玩遊戲。此系列除了 YouTube 以外也有出版單行本，並在自家頻道網站上進行介紹（https://www.saynum.com/）。具體而言，該系列的內容是なむ一邊玩遊戲，一邊向作為來賓的專家請教其感想與經驗。

## 四、字面意義上的揹工（歩荷）

　　在這四集 DS 的實況影片當中，なむ與實際從事山上工作、運送貨物的秋元一起玩這款遊戲。在這裡主要舉兩個例子來說明秋元看待

DS 的態度，以及他極為巧妙地將虛構與現實結合的方式。第一個是有關遊戲內角色移動的不穩定性與其造成的後果。なむ刻意讓 Sam 跌倒，以讓秋元理解遊戲操作上的基本難度，而對於 Sam 弄掉包裹的行為，秋元出現了以下的反應。

「Sam 跌倒了！作為送貨員……讓貨物垮掉是最大的失職了吧。Sam 該怎麼辦？這應該要賠償人家吧。道歉也解決不了，要補償貨物。不過發生這種事故，對 Sam 自己來說也很危險，他一定也受了重傷。對送貨員來說，弄掉貨物對他們來說是最不可以發生的，不可原諒的大失敗。客戶把東西託付給送貨員，送貨員的職責就是將東西安全送達。這是絕對原則，也是 Sam 無法彌補的過失。這個貨物包裹得很嚴實……我有對 Sam 說『不要用跑的』喔。別人的忠告應該要好好聽進去吧。Sam。（在なむ的協助下，Sam 再次揹起貨物）Sam 恢復得真快！不過在山中能夠及時回復是很重要的事情，所以 Sam 你很棒喔。像這種意外真的不應該發生。但是，也必須從意外當中快點恢復過來。在山裡面行動的時候最危險的就是逗留太久了。」
（なむ 2019a, min. 31:05）

這個例子顯示了秋元是如何以自己的實際工作經驗為背景來詮釋遊戲世界。儘管他並未試圖在遊戲裡尋求正確性，與此同時在某種意義上卻將遊戲與現實世界進行具體的比較。這種態度在他分析 Sam 的裝備時也有表現出來。

「接著是 Sam 身上穿的這件揹工專用內衣！我也好想要這件喔。馬上……沒錯，首先，這件的背部是有襯墊的……一般背心後面是不會放襯墊的。大概是為了要保護背部免受背包摩擦吧。請仔細看，我敢說肩膀的部分也有加固。是墊肩！太厲害了！好想要這件衣服啊！……這件內衣非常實用也很棒。嗯？Sam 擺出了某種姿勢。喔喔！？莫非是 Sam 在對同為 Porter（搬運工）的我做出對手宣言……由於我是冷靜型的人，比起這個我更想要讓大家再看看這個墊肩。」

（なむ 2019b, min. 6:07）

　　秋元之所以對這個虛擬的裝備感興趣，就如同他在這個片段所說明的一樣，是因為這種裝備不僅能減輕日常工作的艱辛程度，也不需要再為了受到重物壓迫會使得肩上長毛 而煩惱。因為有這些實際經驗，他對遊戲當中出現的各種虛構技術可以說是充滿了熱情，並且夢想著可以獲得這些技術。

　　從以上兩個場景，或許無法表達なむ和秋元的遊戲散步有多麼有趣，但至少說明了這兩人並非是單純地玩遊戲，而是將遊戲作為媒介進行遊玩，即「樂在遊戲」。他們並未混淆遊戲與現實的界線，十分認真地將這個虛構世界與自身經驗進行比較，並運用想像力，將自己代入 Sam 的角色去思考、進行實踐，以一種奇特的方式將遊戲當中的真實元素與自身日常經歷的真實混合在一起。也可以說，他們用字面意義，而非隱喻的角度去理解遊戲的內容。藉此，可以看到這個遊戲不僅是隱含對當代不穩定的寓意，也呈現了揹工，以及字面意義上大自然的危險之處。這是一種新的遊玩方式，他們一邊談論著大多數玩家所不熟悉也未曾經歷過的山裡險惡生活的魅力，一邊探索虛構世界與物理世界的交會點，並在兩個世界之間實驗性地創造出新的聯繫。

## 五、結論

　　本文旨在探討遊戲文化當中超越遊戲本身的遊戲形式，並對《死亡擱淺》的相關實況影片進行分析。研究結果顯示，以遊戲為媒介遊玩並樂在其中的なむ和秋元，是以秋元的工作經驗為背景，透過遊戲過程以字面意義理解這款遊戲，並以一種全新的方式將遊戲內外世界連結起來。這種做法似乎已經無法以傳統遊戲研究常用的表象、虛構或選擇性模擬等關鍵詞來概括，反而展現出一種全新的創造形式。

　　更重要的是，這種解讀是在影片編輯以及影音共享平台的框架下才得以產生。換句話說，這種遊玩方式可以作為一種具有表現與創

作性的活動得以實踐，是因平台框架而成爲可能，卻也同時受其限制。要在研究當中分析這類環境，造訪平台網站介面固然有效，但若能再加上使用 API 等方式，則能夠獲得更寬廣的文化實踐視野。事實上，なむ和秋元的做法只是諸多影片當中的一小部分，因此可以稱其爲特定、而非普遍性的一種解讀方式。不過，如果沒有對整體有全面性理解的話，是無法產生這類評價的。此外，在 YouTube 的網頁搜尋中，なむ的影片並未顯示在我的搜尋結果當中的靠前部分，因而也有可能會錯過這些內容。因此，像這樣以影音平台的數據爲出發點，不僅能夠超越熱門影片，也避開了由評價機制所構築出的正典，從而將更全面的遊戲文化納入視野。

　　針對特定影片進行具體分析，不僅是爲了確認遊玩行爲的存在，也是爲了檢視這些遊玩行爲如何在影音播放平台的框架當中得以實現。在此過程當中，遊戲成爲了一種材料，人們可以從其料理的方式中，發掘出一些好玩的東西。若把假設改得稍微「誇張」一點，或許可以說是在遊戲的遊玩幅度逐漸縮小的現今，人們更傾向探索其他數位空間的場域裡更多的可能性，進而將遊玩作爲數位文化當中新的一環並發展之。跟遊戲一樣，爲了攻略環境、理解背後所支撐的規則，身爲研究者的我們也必須著眼於此，並開始屬於自己的遊戲才行。

## 參考文獻

Bogost, Ian. (2007). *Persuasive Games*. MASS: The MIT Press.

———. (2016). *Play Anything: The Pleasure of Limits, the Uses of Boredom, and the Secret of Games*. New York, NY: Basic Books.

Galloway, Alexander R. (2006). Allegories of Control. *Gaming: Essays on Algorithmic Culture*, 編集者：Alexander R. Galloway, 85–106. Minneapolis/London: University of Minnesota Press.

Henricks, Thomas S.(2015). *Play and the Human Condition*. Urbana: University of Illinois Press.

House, Ryan. (2020). Likers Get Liked. Platform Capitalism and the Precariat in Death Stranding. *Gamevironments 13* (12月):290–316. https://doi.org/10.26092/elib/408.

Martin Roth, dir. (2021). *The Precarious Body in Death Stranding*. https://www.youtube.com/watch?v=X2_7Ec3ZPhY.

Murray, Janet H. (1997). *Hamlet on the Holodeck: The Future of Narrative in Cyberspace*.(2nd). New York: The Free Press.

Patterson, Christopher B. (2020). *Open World Empire*. New York: NYU Press.

Roth, Martin. (2017). *Thought-Provoking Play: Political Philosophies in Science Fictional Videogame Spaces from Japan*. Pittsburgh: ETC Press. http://press.etc.cmu.edu/index.php/product/thought-provoking-play/.

———. (2025). *Unboxing Japanese Videogames*. MIT Press.

Roth, Martin, & Zoltan Kacsuk. (2025). *Introducing Metadata Analytics: Harnessing the Power of Data from Online Fan Communities for Research on Japanese Popular Visual Media*. Mechademia 17 (2).

ぐう実況ゲーム紹介 ch, dir. (2021). 今こそデススト をプレイしてほしい理由。現代人が絶対に遊ぶべきゲーム。DEATH STRANDING。https://www.youtube.com/watch?v=Zpq2tiF4nAM.

なむ, dir. (2019a).【ゲームさんぽ】歩荷の人と背負うデス・ストランディング 1話 荷造り～出発編。DEATH STRANDING。https://www.youtube.com/watch?v=B8iqcLckSgI.

—, dir. (2019b).【ゲームさんぽ】歩荷の人と背負うデス・ストランディング 最終話 セーフハウス〜雪山編【DEATH STRANDING】. https://www.youtube.com/watch?v=c-JUx5Ch76w.

ロートマーティン . forthcoming.「ゲームは遊びではない」. CW.

# Knowledge graphs and artificial intelligence in manga and anime research: Exploring the future of research with the Japanese Visual Media Graph project

Zoltan Kacsuk*

## Introduction

The Japanese Visual Media Graph (JVMG) project – originally conceived by Martin Roth and Magnus Pfeffer and funded by the German Research Foundation's (Deutsche Forschungsgemeinschaft, DFG) e-Research Technologies program – is developing a knowledge graph (available at https://mediagraph.link/) for researchers working with popular Japanese visual media such as anime, manga, video games and so on (Pfeffer & Roth 2020, Roth & Pfeffer 2022). The project is working from the same premise the Databased Infrastructure for Global Games Culture Research (diggr) project[01] has already demonstrated to be very productive for media studies research (Roth 2021, 2023, 2025), namely the fact that there exist large amounts of high quality, granular, well-structured metadata online that are compiled by various fan or enthusiast communities (Kiryakos & Pfeffer 2021, Price & Robinson 2017). By working with such online communities

---
*Research Fellow, Stuttgart Media University Japanese Visual Media Graph Project
01  https://diggr.link

towards integrating their descriptive metadata resources into a single knowledge graph – this type of data aggregation approach has also been explored by Kiryakos et al. (2017) – the JVMG project aims to enable new forms of quantitative research for researchers working with these domains of interest, and at the same time provide a template for building similar resources in other areas of inquiry.

In the present discussion I will first start by providing a quick overarching view of why projects like the JVMG, that aim to enable the large-scale analysis of culture, are gaining traction in the arts and humanities, and how they relate to more traditional research approaches in these domains. Then, I will discuss the use of knowledge graphs in manga and anime research through a more detailed introduction of the Japanese Visual Media Graph project. And finally, looking into the future, I would like to outline how the artificial intelligence assisted processing of manga contents could help further enrich knowledge graphs – as already proposed by 三原 et al. (2015) – like the JVMG to enable the opening up and supporting of new directions in manga research as exemplified by the work of 李 (2012) among others.

Manga and anime research, similar to a large part of arts and humanities endeavors, often focuses on major works – based on critical acclaim, popularity or both (cf. Beaty & Woo 2016). The manga and anime industries and their output, however, are far bigger; in a sense we are engaging with just the tip of the iceberg when we focus on major works. In fact, we could ask the question, when we talk about manga and anime, are we talking about just the canon of major works or manga and anime in general (cf. 伊藤 2005)? And even more importantly, how can we understand the larger underlying body of all manga and anime works and their relation to the major works discussed in detail?

This new approach of looking at the previously unanalyzed mass of works is, of course, not specific to research on manga and anime, but has been making an impact across the arts and humanities. For example, two well known representatives of this approach are Franco Moretti's work in literary studies, distant reading (2000, 2013), and Lev Manovich's cultural analytics (2020) in media studies, both calling for an engagement with the wealth of literary and visual materials now available on a previously unimaginable scale, and both advocating for the incorporation of new digital approaches to processing amounts of material that would be unfeasible to examine not only for individual researchers, but even whole research teams. In this same vein of research Martin Roth has already pioneered a similar approach in relation to the field of Japanese video games – most notably see his forthcoming book on the topic (Roth 2025). Roth has coined the term metadata analytics for this approach building on the use of available metadata only,[02] and it is this type of quantitative research that the JVMG project also aims to enable.

It is important to emphasize here, however, that the possibilities opened up by digital tools and archives are not meant to displace traditional ways of working in the arts and humanities, rather they are meant to complement them. In

---

02 See the forthcoming discussion by Roth and Kacsuk (2025) on the differences between metadata analytics and distant reading and cultural analytics.

a similar way, I am not advocating for an either-or question of analyzing major works versus the mass of unexamined manga and anime, but rather want to draw attention to the new horizons being opened up for research that were previously inaccessible, a point that I will return to once more at the very end of the present discussion.

## Knowledge Graphs: The Japanese Visual Media Graph

One of the tools for working with large volumes of data that are becoming increasingly popular in the digital humanities are knowledge graphs. The Japanese Visual Media Graph project is creating a knowledge graph for researchers working on Japanese anime, manga, video games and related media.

One of the initial ideas behind the creation of the Japanese Visual Media Graph was that often even we as researchers of the domain rely on the online databases and wikis compiled by fan and enthusiast communities to look up obscure and hard to find details about works of manga and anime. The amount of high quality data in these online resources is quite amazing, and what if we could integrate them all into one unified knowledge graph that would allow querying their information together. A knowledge graph is a special type of database, in which the data is not stored in tables but rather statements, like "Luffy is a character from One Piece", which allows for the connection of data from databases with originally very different structures.[03]

---

[03] For an in-depth technical introduction to knowledge graphs, see Hogan et al. (2021).

Thus, the aim of the JVMG project is to work together with online fan and enthusiast communities – or follow the guidelines they have set out for using their data – in order to combine their databases into an integrated knowledge graph that can be used for large-scale quantitative research on Japanese anime, manga, video games and related domains. The project has three guiding principles. First, it is very important for us to respect the work of the communities and to work together with them where possible, as well as adhere to their data sharing guidelines. Second, the aim of the JVMG is to be useful for research, thus our development is guided by the needs and feedback of the researchers working with Japanese visual media. Finally, we are committed to open development on every level, we use an open software stack, and also make our software available for others, we prioritize publishing in open venues, and we are committed to making our knowledge graph open for research activities.

The JVMG project currently has three main community and two other data sources, and is in the process of working towards integrating further datasets. AnimeClick[04] is an Italian community website featuring a wide ranging interest in all things Japanese, not just anime and manga, but also food, travel, culture and so on. In contrast, The Visual Novel Database[05] is a highly specialized community website that focuses exclusively on visual novel games, but does so in an exhaustive manner with very granular data. Next up, the Anime Characters Database[06] is a community website that

---

04 https://www.animeclick.it
05 https://vndb.org
06 https://www.animecharactersdatabase.com

specializes in one particular aspect of Japanese visual media, namely characters from all forms of media – although as the name implies the largest number are from anime. Then we have Wikidata,[07] which is not specific to our domain of interest, but nevertheless does have substantial amounts of information on anime, manga, etc. And finally, we have the Media Arts Database,[08] a project of the Agency for Cultural Affairs of the Japanese Ministry of Education, Culture, Sports, Science and Technology, that collects information on four main areas, manga, anime, video games and media art, and relies mostly on institutional sources such as publishers, associations, and so on.

Developing the Japanese Visual Media Graph involves a number of different tasks and challenges. First, measuring data quality has been a key question for our project, as we are building on data compiled by online enthusiast communities as well as other data sources, and we need to be able to assess their suitability for use in research. To assess data accuracy we have conducted manual checks on anime and visual novel titles. We found that enthusiast community databases have a very high accuracy, with most errors being only typographical in nature (Pfeffer et al. 2022).

Second, integrating the data from the various databases into one shared knowledge graph is a central task of the JVMG project. All the data have to be cleaned and preprocessed and then transformed into RDF[09] statements (as already mentioned, similar to "Luffy is a character from One

---

07  https://www.wikidata.org
08  https://mediaarts-db.artmuseums.go.jp
09  https://www.w3.org/RDF/

Piece", or "Luffy has a straw hat" and so on). The different data models (meaning data relationship schemes) of the various databases need to be integrated into the unified JVMG ontology. Individual data points from the source databases then have to be connected (e.g. Luffy in Anime Characters Database is the same character as Luffy in AnimeClick).

Third, in order for us to be able to open up the JVMG knowledge graph to interested researchers we also had to make sure that all the data could be made available under one common license suitable for research applications. Our solution was to adopt the Creative Commons attribution-non-commercial-share-alike 4.0 license, and to ask for individual license agreements from communities that had no licenses or an incompatible one. For a detailed discussion of the questions and challenges encountered during the legal integration of the JVMG knowledge graph, see Kacsuk et al. (2022).

Fourth, the backend infrastructure servicing the JVMG knowledge graph and the frontend interface enabling the browsing of the data by users had to be set up and developed. A custom web interface for browsing the data has been developed based on the Pubby frontend[10] by Tobias Malmsheimer (Pfeffer & Malmsheimer 2023). The aim of our frontend interface is to enable the easy and intuitive browsing of the JVMG data, as well as providing search and analysis functionality.

In order to both help the development of the JVMG knowledge graph and to demonstrate its potential for research we have been exploring a series of smaller research

---

10   For the original Pubby frontend, see https://github.com/cygri/pubby

questions, which we call Tiny Use Cases following the Agile software development inspired workflow methodology pioneered in the diggr project (Freybe et al. 2019). These Tiny Use Cases include: 1) investigating Japanese visual novel characters; 2) testing one of the points from Hiroki Azuma's Otaku: Japan's Database Animals (2009 [2001]) (Kacsuk 2021); 3) exploring recurring patterns in character creation in visual novel games (Bruno 2021); 4) examining the concept of media mix (Steinberg 2012) by looking at networks of co-appearing characters; 5) checking whether character personality traits follow ideas about the connection between blood type and personality; 6) and an exploration of a virtual census of characters in Japanese visual media inspired by the work of Williams et al. (2009).[11]

We are currently in the second phase of the JVMG project, and have further collaborations and development work underway. These include an exploration of anime production studies through a database lens; examining fan fiction and cultural evolution (Pianzola et al. 2020) in collaboration with the GOLEM (Graphs and Ontologies for Literary Evolution Models) project[12] the first results of which are now available online (Kacsuk et al. 2024); and working with genre and trope definitions.

### Artificial Intelligence Tools: Enhancing Knowledge Graphs with Manga Contents Metadata

---

[11] All of these research case studies are documented in detail on our research blog under the "Tiny Use Case" category: https://jvmg.iuk.hdm-stuttgart.de/category/tiny-use-case/

[12] https://golemlab.eu

In the final part of this discussion, I would like to focus in on the potential opened up by artificial intelligence tools for enhancing knowledge graphs with metadata on the contents of manga and the types of research these developments could enable. By harnessing the power of AI image and text recognition solutions tailor made for comics, large quantities of digitized manga could be processed to automatically create metadata descriptions of their page and panel compositions, characters, visual morpheme usage (Cohn 2013) and even the narrative progression of their contents. These metadata descriptions of manga contents could then be transformed into linked data and connected to knowledge graphs like the JVMG. This new layer of contents metadata coupled with the already existing metadata on manga titles could then be used to answer new types of research questions in the field of manga studies.

There are a number of research groups working on the various problems related to the automatic recognition and processing of bandes dessinées, comics and manga. For example, the Laboratoire Informatique, Image et Interaction (L3i) at the University of La Rochelle (e.g. Guérin et al. 2013, Nguyen et al. 2018, 2019, Nguyen et al. 2021, Rigaud et al. 2015), the Indian Institute of Engineering Science and Technology (e.g. Dutta et al. 2021, 2022), and most importantly for the present discussion, the Aizawa Yamasaki Matsui Laboratory at the University of Tokyo working on manga (e.g. Aizawa et al. 2020, Baek et al. 2022, Li et al. 2023).

The types of problems tackled by researchers working in this field include the automatic recognition of the various elements that make up comics or manga (Augereau 2018):

such as a) double spreads; b) the pages themselves; and often c) information that is external to the contents proper (e.g. page numbering, announcements, trivia, advertisements and so on); d) panels (Aizawa et al. 2020, Dutta et al. 2022, Iyyer et al. 2017, Nguyen et al. 2018, 2019, Van Herwegen et al. 2017), the basic building blocks that are quite central to all types of comics; e) it is possible to also recognize and annotate the gutters between the panels; f) the characters (Aizawa et al. 2020, Dutta et al. 2022, Nguyen et al. 2018, 2019, Nguyen et al. 2021) that need to be identified in the images; g) recognizing and annotating faces (Aizawa et al. 2020, Nguyen et al. 2018) is not only important for better identifying characters, but also for potential emotion recognition (迎山 2020); h) captions and speech/thought balloons (Dutta et al. 2021, 2022, Iyyer et al. 2017, Nguyen et al. 2018, 2019), another visual characteristic of most forms of comics; interestingly, i) the texts within the captions and speech/thought balloons also have to be separately identified (Aizawa et al. 2020, Dutta et al. 2022), so that optical character recognition (OCR) solutions can be applied to them to help turn them into digital texts (Iyyer et al. 2017, Nguyen et al. 2018); the processing of j) onomatopoeia (Baek et al. 2022) in the images is especially important for manga, which have a much higher ratio of these visual-textual elements than other forms of comics; k) object recognition can be relevant for storing information about key parts of the story that are only encoded in visual form; l) visual morphemes are also present in most forms of comics and especially important in manga (赤井 et al. 2017); and finally, identifying m) backgrounds can also be a part of the processing of bandes dessinées, comics and manga.[13]

Beyond the identification of elements that make up each publication, page and panel, their respective order and the relationships between them also have to be automatically recognized (Augereau 2018). These problems include: 1) page order; 2) panel order (Hinami et al. 2021, Van Herwegen et al. 2017); 3) speech bubble order (Hinami et al. 2021); and the 4) reading direction of the text within speech bubbles is also important to identify; then, 5) speech bubbles need to be assigned to speakers (Guérin et al. 2013, Li et al. 2023, Nguyen et al. 2019, Rigaud et al. 2015); 6) visual morphemes also need to be paired with the characters or objects they belong to, and since their position can also alter their meaning, that too might need to be recorded (赤井 et al. 2017); 7) characters and objects need to be assigned to panels; and finally, 8) we have character to character consistency relationships, where it is important to be able to identify that a given character is the same between panels.

Manually annotated corpora are essential for the training and validation of AI solutions (Augereau 2018), and the good news is that there are multiple projects now that have created or are in the process of creating various types of hand annotated corpora of bandes dessinées, comics and manga. All three of the previous mentioned AI research groups working on some form of comics have published annotated

---

13  There are, of course, many more possibilities for increasing the granularity of the information being recognized and annotated in relation to the various elements of comics content. For example, 迎山 (2020) has proposed recording the direction characters are facing. Noting the hairstyles, clothes and accessories of characters could also be a potentially important future extension of the level of detail in annotation to help, for example, distinguish between the various versions of transforming characters, like Superman or Sailor Moon.

datasets: eBDtheque[14] by the Laboratoire Informatique, Image et Interaction (Guérin et al. 2013); the Bangla Comic Book Image Dataset[15] by the Indian Institute of Engineering Science and Technology (Dutta et al. 2022); and once again most importantly for us the Manga109[16] dataset (Aizawa et al. 2020) by the Aizawa Yamasaki Matsui Laboratory. There is also the COMICS dataset[17] (Iyyer et al. 2017) at the Institute for Advanced Computer Studies, University of Maryland, and the DCM772 dataset[18] based on images from the Digital Comic Museum and created by Nguyen et al. (2018). Furthermore, various hand annotated comics corpora have also emerged from cognitive science based research directions as well: the Graphic Narrative Corpus[19] by the Hybrid Narrativity research project at Paderborn University (Dunst et al. 2017); the Visual Language Research Corpus[20] and, most notably the TINTIN project[21] corpus both from Neil Cohn's Visual Language Lab at Tilburg University.

Once the automatic processing of manga pages with the help of artificial intelligence solutions will be solved, we will need a media specific ontology to describe the identified elements and their relationships to be able to add them to an existing knowledge graph such as the JVMG, for example. There are a number of ontologies and metadata models that

---

14  https://ebdtheque.univ-lr.fr/
15   https://sites.google.com/view/banglacomicbookdataset
16  https://www.manga109.org/
17  https://obj.umiacs.umd.edu/comics/index.html
18  https://git.univ-lr.fr/crigau02/dcm_dataset
19  https://groups.uni-paderborn.de/graphic-literature/gncorpus/corpus.php
20  https://www.visuallanguagelab.com/vlrc
21  https://www.visuallanguagelab.com/tintin

offer ways to describe the contents of comics in XML and linked data formats. These include: a) ComicsML,[22] b) the Advanced Comic Book Format,[23] c) the Comic Book Markup Language[24] (Walsh 2012), d) the Comics Ontology,[25] e) the Comic Book Ontology[26] (Petiya 2023), and even f) Schema.org;[27] and most importantly for our work g) the Manga Metadata Framework[28] by the researchers at the University of Tsukuba (Morozumi et al. 2009), who have already pioneered describing and connecting manga contents metadata as Linked Open Data (Mihara et al. 2012, 三原 et al. 2015).

Let us now turn to the question of what kind of research such a dataset of manga contents metadata could potentially enable. Or to rephrase this question in different terms, what would a "distant reading" of manga look like? The work of Neil Cohn and his colleagues offers a good starting point here. Cohn has explored the differences in different visual languages such as Franco-Belgian bandes dessinées, US superhero and independent comics as well as Japanese manga (2013). And together with his colleagues they have explored, for example, cross-cultural differences in page layouts (Cohn et al. 2019) as well as longitudinal changes in American superhero comics (Cohn et al. 2017).

These types of investigations would definitely merit from

---

22  http://comicsml.jmac.org/
23  https://launchpad.net/acbf
24  https://dcl.luddy.indiana.edu/cbml/, used in, for example, Nguyen et al. (2018) and Dutta et al. (2022).
25  https://paulrissen.com/2012/04/17/a-comics-ontology/
26  https://comicmeta.org/cbo/
27  https://schema.org/, employed in, for example, Van Herwegen et al. (2017).
28  Also used in, for example, 赤井友紀 et al. (2017).

and could be explored on even larger corpora of comics and manga contents metadata. However, can we find questions that are somewhat unique to research on manga? One suggestion that came from Jaqueline Berndt was to maybe use AI technology to compare Japanese manga originals with their pirate edition counterparts from other East Asian countries. We can find a wonderful example of this type of research question in 李衣雲's work, who offers a rich range of examples for the type of work that could be enhanced with such manga contents metadata enriched knowledge graphs. In her book "變形, 象徵與符號化的系譜：漫畫的文化研究" (2012) she provides an extension of Scott McCloud's (1994[1993]) typology of panel-to-panel transitions, and goes on to examine the history of Taiwanese comics through various lenses including that of panel transitions and page compositions.

Here I would like to highlight the example of 李's comparison of two Taiwanese sports comics "無敵排球隊" from 1979 and "交叉快攻球" from 1969 as an example of the type of analysis that could potentially be attempted on a larger scale with larger corpora of manga contents metadata. As 李 explains, "無敵排球隊" was a pirate copy of the Japanese manga "サインはV!" from 1968. "交叉快攻球" was also based on "サインはV!", however, it is a Taiwanese remake of the Japanese manga following the dominant three panel page layout of Taiwanese comics at the time. Thus, as clearly shown by 李 in her analysis (2012: 207) the action from one page of the Japanese manga, or in this case the pirated Taiwanese version "無敵排球隊", is broken down into multiple pages in "交叉快攻球". Aligning and comparing works like this, as 李 has done in this example, could be an important way to generate further new insights in relation to, for example, the editing principles guiding the rearrangement of panels in Taiwanese remakes of Japanese manga.

## Closing Thoughts: The Conjoined Future of Distant and Close Reading

As the previous example highlights, the potential distant readings and the already existing as well as possible future close readings of manga are far less opposed to each other than their names would indicate, in fact, in my view, they are complimentary and interdependent. Close readings of manga can help guide the direction of quantitative research as well as contribute to the interpretation of results from quantitative research. On the other hand, distant readings of manga can help test or verify claims from case-study based analyses, and can potentially also provide further starting points for theorization. Together the two approaches complement each other and help paint a better picture of the phenomena being examined in manga research. And it is this vision of the complimentary nature of traditional arts and humanities research enhanced by the new possibilities of large-scale quantitative analysis that the JVMG project has been working to promote.

# References

Aizawa, Kiyoharu, et al., (2020). Building a Manga Dataset"Manga109" With Annotations for Multimedia Applications. *IEEE MultiMedia 27*(2), 8-18.

赤井友紀, 盛山将広, & 松下光範, (2017). 漫符を利用したコミック内の心情・行動描写検索システム. *研究報告デジタルコンテンツクリエーション (DCC)* 2017-DCC-15(42), 1-7.

Augereau, Olivier, Motoi Iwata, and Koichi Kise, (2018). A survey of comics research in computer science. *Journal of imaging 4*(7), 87.

Azuma, Hiroki. (2009[2001]). *Otaku: Japan's Database Animals*. Introduction and translation by Jonathan E. Abel and Shion Kono. Minneapolis, MN: University Of Minnesota Press.

Baek, Jeonghun, Yusuke Matsui, and Kiyoharu Aizawa, (2022). COO: Comic onomatopoeia dataset for recognizing arbitrary or truncated texts. In *European Conference on Computer Vision*. Cham: Springer Nature Switzerland, 267-283.

Beaty, Bart, and Benjamin Woo, (2016). *The Greatest Comic Book of All Time: Symbolic Capital and the Field of American Comic Books*. New York: Palgrave.

Bruno, Luca, (2021). A Glimpse of the Imaginative Environment: Exploring the Potential of Data-Driven Examinations of Visual Novel Characters. *Japan's Media Culture between Local and Global: Current Perspectives on Regionality, Technology and Politics*, eds. Martin Roth, Hiroshi Yoshida, and Martin Picard. Heidelberg, Berlin: CrossAsia-eBooks, 143-70, https://books.ub.uni-heidelberg.de/index.php/xa/catalog/book/971/c12889.

Cohn, Neil, (2013). *The Visual Language of Comics: Introduction to the Structure and Cognition of Sequential Images*. London: Bloomsbury.

Cohn, Neil, Jessika Axnér, Michaela Diercks, Rebecca Yeh, and Kaitlin Pederson, (2019). The cultural pages of comics: Cross-cultural variation in page layouts. *Journal of Graphic Novels and Comics 10*(1), 67-86.

Cohn, Neil, Ryan Taylor, and Kaitlin Pederson, (2017). A Picture is Worth More Words Over Time: Multimodality and Narrative Structure Across Eight Decades of American Superhero Comics. *Multimodal Communication 6*(1), 19-37.

Dunst, Alexander, Rita Hartel, and Jochen Laubrock, (2017). The Graphic Narrative Corpus: Design, Annotation, and Analysis for the Digital Humanities. In *Proceedings of the 14th IAPR International Conference on Document Analysis and Recognition (ICDAR 2017)*, 15-20.

Dutta, Arpita, Samit Biswas, and Amit Kumar Das, (2021). CNN-based segmentation of speech balloons and narrative text boxes from comic book page images. *International Journal on Document Analysis and Recognition (IJDAR) 24*(1), 49-62.

Dutta, Arpita, Samit Biswas, and Amit Kumar Das, (2022). BCBId: first Bangla comic dataset and its applications. *International Journal on Document Analysis and Recognition (IJDAR) 25*(4), 265-279.

Freybe, Konstantin, Florian Rämisch, and Tracy Hoffmann, (2019). With Small Steps to the Big Picture: A Method and Tool Negotiation Workflow. In *Proceedings of the Twin Talks Workshop at DHN 2019 (CEUR Vol-2365)*, eds. Steven Krauwer and Daria Fišer. Aachen: CEUR Workshop Proceedings, 13-24, http://ceur-ws.org/Vol-2365/03-TwinTalks-DHN2019_paper_3.pdf.

Guérin, Clément, et al., (2013). eBDtheque: a representative database of comics. In *Proceedings of the 2013 12th International Conference on Document Analysis and Recognition. IEEE*, 1145-1149.

Hinami, Ryota, Shonosuke Ishiwatari, Kazuhiko Yasuda, and Yusuke Matsui, (2021). Towards fully automated manga translation. In *Proceedings of the AAAI Conference on Artificial Intelligence 35*(14), 12998-13008.

Hogan, Aidan, et al., (2021). Knowledge graphs. *ACM Computing Surveys (Csur) 54*(4), 1-37.

伊藤剛, (2005). テヅカ・イズ・デッド：ひらかれたマンガ表現論へ. 東京：NTT出版.

Iyyer, Mohit, et al., (2017). The amazing mysteries of the gutter: Drawing inferences between panels in comic book narratives. In *Proceedings of the IEEE Conference on Computer Vision and Pattern recognition*, 7186-7195.

Kacsuk, Zoltan, (2021). Using Fan-Compiled Metadata for Anime, Manga and Video Game Research: Revisiting Azuma's 'Otaku: *Japan's Database Animals' Twenty Years On. In Japan's Media Culture between Local and Global: Current Perspectives on Regionality, Technology and Politics*, eds. Martin Roth, Hiroshi Yoshida, and Martin Picard. Heidelberg, Berlin: CrossAsia-eBooks, 117-42, https://books.ub.uni-heidelberg.de/index.php/xa/catalog/book/971/c12889.

Kacsuk, Zoltan, Magnus Pfeffer, Simone Schroff, and Martin Roth, (2022). Harmonizing Open Licenses among Online Databases of Enthusiast Communities: Challenges for the Legal Integration of Databases in the Japanese Visual Media Graph Project. *Pop! Public. Open. Participatory*. no. 4. https://doi.org/10.54590/pop.2022.005.

Kacsuk, Zoltan, Xiaoyan Yang, Saskia Dreßler, Federico Pianzola, and Martin Roth, (2024). Utilizing Metadata from Heterogeneous Sources within the Framework of the JVMG and GOLEM Projects to Identify Patterns in Anime-based Fandoms on AO3. *Proceedings from the Document Academy 11*(1), article 6, https://doi.org/10.35492/docam/11/1/6.

Kiryakos, Senan, and Magnus Pfeffer, (2021). Exploring the research utility of fan-created data in the Japanese visual media domain. *In International Conference on Asian Digital Libraries*. Cham: Springer International Publishing, 210-218.

Kiryakos, Senan, Shigeo Sugimoto, Mitsuharu Nagamori, and Tetsuya Mihara, (2017). Aggregating metadata from heterogeneous pop culture resources on the Web. In *International Conference on Dublin Core and Metadata Applications 2016*, 65-74.

Li, Yingxuan, Kiyoharu Aizawa, and Yusuke Matsui, (2023). Manga109dialog a large-scale dialogue dataset for comics speaker detection. *arXiv preprint arXiv:2306.17469*.

李衣雲, (2012). *變形，象徵與符號化的系譜：漫畫的文化研究*. 新北市：稻鄉出版社.

Manovich, Lev, (2020). *Cultural Analytics*. Cambridge, MA: MIT Press.

McCloud, Scott. (1994[1993]). *Understanding Comics: The Invisible Art*. New York: HarperCollins.

Mihara, Tetsuya, Mitsuharu Nagamori, and Shigeo Sugimoto, (2012). A metadata-centric approach to a production and browsing platform of Manga. In *The Outreach of Digital Libraries: A Globalized Resource Network: 14th International Conference on Asia-Pacific Digital Libraries, ICADL 2012, Taipei, Taiwan, November 12-15, 2012, Proceedings 14*, 87-96.

三原鉄也, 永森光晴, & 杉本重雄, (2015). マンガメタデータフレームワークに基づくディジタルマンガのアクセスと制作の支援―ディジタル環境におけるマンガのメタデータの有効性の考察―. *電子情報通信学会論文誌 A 98*(1), 29-40.

Moretti, Franco, (2000). Conjectures on World Literature. *New Left Review 2*(1), 54-68.

Moretti, Franco, (2013). *Distant Reading*. London: Verso.

Morozumi, Ayako, Satomi Nomura, Mitsuharu Nagamori, and Shigeo Sugimoto, (2009). Metadata Framework for Manga: A Multi-paradigm Metadata Description Framework for Digital Comics. In *Proceedings of the 2009 International Conference on Dublin Core and Metadata Applications*, 61-70.

迎山和司, (2020). マンガを読むAI―手塚治虫のマンガを題材にして―. *人工知能 35*(3), 395-401.

Nguyen, Nhu-Van, Christophe Rigaud, and Jean-Christophe Burie, (2018). Digital comics image indexing based on deep learning.

*Journal of Imaging 4*(7), 89.

Nguyen, Nhu-Van, Christophe Rigaud, and Jean-Christophe Burie, (2019). Multi-task model for comic book image analysis. In *MultiMedia Modeling: 25th International Conference, MMM 2019, Thessaloniki, Greece, January 8–11, 2019, Proceedings, Part II 25*. Springer International Publishing, 637-649.

Nguyen, Nhu-Van, Christophe Rigaud, Arnaud Revel, and Jean-Christophe Burie, (2021). Manga-MMTL: Multimodal Multitask Transfer Learning for Manga Character Analysis. In *International Conference on Document Analysis and Recognition*, 410-425.

Petiya, Sean, (2023). A Linked Open Data model for describing comic book sequences: Exploring semantic enrichment opportunities with graphic medicine. *Art Libraries Journal 48*(3), 74-79.

Pfeffer, Magnus, Zoltan Kacsuk, and Martin Roth, (2022). Japanese Visual Media Graph – Bündelung des Wissens von Fan-Gemeinschaften in einem domänenspezifischen Knowledge Graph. In *DHd 2022 Kulturen des digitalen Gedächtnisses. 8. Tagung des Verbands "Digital Humanities im deutschsprachigen Raum" (DHd 2022)*, eds. Michaela Geierhos et al. Potsdam, 151-155. Zenodo, https://doi.org/10.5281/zenodo.6304590.

Pfeffer, Magnus, and Tobias Malmsheimer, (2023). An open-source frontend for RDF-based knowledge graphs. Poster presentation, *GrapHNR 2023: Graphs and Networks in the fourth dimension – time and temporality as categories of connectedness*, Historical Network Research community and Graphs & Networks in the Humanities, Academy of Sciences and Literature, Mainz, and the Leibniz Institute of European History, Mainz.

Pfeffer, Magnus, and Martin Roth, (2020). Japanese Visual Media Graph: Providing researchers with data from enthusiast communities. In *2019 Proceedings of the International Conference on Dublin Core and Metadata Applications*, eds. Koraljka Golub et al. Seoul: Dublin Core Metadata Initiative, 136-41.

Pianzola, Federico, Alberto Acerbi, and Simone Rebora, (2020). Cultural Accumulation and Improvement in Online Fan Fiction. *CEUR Workshop Proceedings 2723*, 2-11.

Price, Ludi, and Lyn Robinson, (2017). 'Being in a knowledge space': Information behaviour of cult media fan communities. *Journal of Information Science 43*(5), 649-64, https://doi.org/10.1177/0165551516658821.

Rigaud, Christophe, et al., (2015). Speech balloon and speaker association for comics and manga understanding. In *2015 13th International Conference on Document Analysis and Recognition (ICDAR)*. IEEE, 351-355.

Roth, Martin, (2021). テレビゲーム文化の空間的展開：FromSoftware ゲームの 生産的・流通的展開とそれにおけるソフトな文化的境界線. *Replaying Japan 3*, 127-41.

Roth, Martin, (2023). Was Wird Denn Hier Gespielt? Genrebezogene Unterschiede Der Digitalen Spielelandschaft in Deutschland Und Japan. In *Spielzeichen IV: Genres – Systematiken, Kontexte, Entwicklungen*, eds. Martin Hennig, and Hans Krah. Glückstadt: Verlag Werner Hülsbusch, 207-30.

Roth, Martin, (2025) . *Unboxing Japanese Videogames: A Metadata-Based Approach to the Production and Distribution of Spatial Instability*. Cambridge, MA: The MIT Press.

Roth, Martin, and Zoltan Kacsuk, (2025). Introducing Metadata Analytics: Harnessing the Power of Data from Online Fan Communities for Research on Japanese Popular Visual Media. *Mechademia 17*(2).

Roth, Martin, and Magnus Pfeffer, (2022). 日本のビジュアルメディア領域の ための知識グラフ提供へ. *デジタルアーカイブ学会誌 6*(1), 31-34.

Steinberg, Marc, (2012). *Anime's Media Mix: Franchising Toys and Characters in Japan*. Minneapolis, MN: University Of Minnesota Press.

Van Herwegen, Joachim, Ruben Verborgh, and Erik Mannens, (2017). ComSem: Digitization and semantic annotation of comic books. In *The Semantic Web: ESWC 2017 Satellite Events:*

*ESWC 2017 Satellite Events, Portorož, Slovenia, May 28–June 1, 2017, Revised Selected Papers 14*. Springer International Publishing, 65-70.

Walsh, John A., (2012). Comic Book Markup Language: An Introduction and Rationale. *Digital Humanities Quarterly 6*(1).

Williams, Dmitri, Nicole Martins, Mia Consalvo, and James D. Ivory, (2009). The virtual census: Representations of gender, race and age in video games. *New media & society 11*(5), 815-834.

# 《Summer Sunshine》AIGC 漫畫協作創作論述

劉俐華 *

## 摘要

人工智慧生成內容（AIGC）的出現，為漫畫產業及漫畫創作者帶來提高創作效率及作品量產的影響。研究者將得獎數位漫畫作品「Summer Sunshine」運用 AIGC 圖像生成技術 Stable Diffusion 在漫畫圖像創作上的實際協作方法與經驗進行整理與論述，提供給有志運用 AIGC 技術進行協作的創作者參考。

協作過程中發現，事先訓練角色 LoRA 模型、運用線稿及草圖並佐以文字提示等生成控制輔助，能提高 SD 圖像生成的掌控性，而將人物及畫面元素分開生成可大幅降低生成錯誤率。此外，運用大量生成篩圖、OpenPose 輔助動作生成、鎖定生成隨機種子及透過圖生圖重繪等生成控制技術，亦能加速協作並提高圖像生成的成功率，而善用調整控制權重則能為作品帶來新的表現與創作靈感。

與 AIGC 協作能提高漫畫圖像創作的效率與品質，並能提升、補足和擴展創作者的技術侷限，然而 AIGC 具有高度的隨機性與不可控制性，協作者仍需花費大量時間在學習如何有效控制生成圖像品質、訓練角色 LoRA、反覆生圖和後製修整等工作。研究者認為 AIGC 協作者需在創作品質、產出效率及 AIGC 協作時間成本上找到最佳平衡點，方能將 AIGC 協作的優勢最大化。

## 關鍵詞

人工智慧生成內容、AIGC 協作、漫畫圖像生成、創作實踐

---

* 國立政治大學傳播學院廣告系副教授；E-mail: rita@nccu.edu.tw

## Abstract

The rise of Artificial Intelligence Generated Content (AIGC) offers comic creators opportunities to boost productivity. This study examines the AIGC collaboration process, methods, and techniques of the award-winning motion comic "Summer Sunshine". It delves into using Stable Diffusion AI generative techniques for comic graphics and imagery, providing insights and collaborative experiences for interested creators. Collaborative efforts revealed that pre-training character LoRA models is necessary. Additionally, using line art or sketch graphics along with prompts could enhance success rates, and separating character and visual elements could also reduce generation errors. Techniques like generating massive images at once and using the OpenPose extension could accelerate the collaboration process. AIGC collaboration enhances comic creation efficiency and quality, overcoming technical limitations and boosting creativity. However, its inherent randomness demands significant time investment in mastering image generation control. A balanced approach is necessary to optimize creative quality, output efficiency, and time investment in AIGC collaboration in comics.

## Keywords

Artificial Intelligence Generated Content, AIGC Collaboration, Comic Image Generation, Creation Practices

## 一、前言

　　人工智慧生成內容（Artificial Intelligence Generated Content，以下簡稱 AIGC）的出現讓沒有繪圖技巧的人能借助 AIGC 的文生圖技術實現創作的夢想。2023 年 3 月 9 日，日本東京新潮社（Bunch Comics）發行了日本首部 AI 漫畫作品《數碼龐克桃太郎》，這部作品是由完全沒有繪畫基礎的作者 Rootport（筆名）運用 Midjourney 人工智慧生成圖像平台，僅花了六個星期就完成的 100 多頁作品[01]；AIGC 也為創作者及漫畫產業帶來提高創作效率及作品量產的契機。同年 7 月，中國「觸手 AI」漫畫創作平台運用自行研發的 AI 漫畫工具，與中文在線合作完成了第一部 AIGC 漫畫作品系列，實現了運用 AIGC 的技術來量產漫畫的商業模式。[02]

　　為了學習、驗證並實踐運用 AIGC 的圖像生成技術來協助漫畫圖像創作，研究者於 2023 年 9 月使用 Stable Diffusion 人工智慧圖像生成技術（以下簡稱 SD），在 40 天內完成一部 7 分半鐘的微動態數位漫畫作品《Summer Sunshine》（圖 1），該作品於 2023 年 10 月獲得美國 Vega Digital Awards 數位大獎動畫類金獎的肯定[03]，並在臉書及 IG 社群平台上獲得共 13902 次的觀看次數。

圖 1 《Summer Sunshine》AIGC 協作數位漫畫作品封面及截圖

---

01　日本第一部人工智能漫畫面世，AI 對藝術家是敵是友？拾方視角：https://www.villagedoor.org/ 日本第一部人工智能漫畫面世 ai 對藝術家是敵是友 /

02　「觸手 AI」發佈交付級 AIGC 漫畫工具，年內百部 IP 發力商業化。香港矽谷：https://www.hksilicon.com/articles/2310289

03　「Summer Sunshine」影片網址：https://www.instagram.com/p/Cw3sV-xPjaG/；Vega Digital Awards 數位大獎動畫類金獎獲獎網址：https://vegaawards.com/winner-info.php?id=46292

本研究主要闡述研究者運用 SD 技術於《Summer Sunshine》作品的 AIGC 協作[04]方法與歷程，並將協作過程中的發現與心得進行整理與論述，希望提供有志運用 AIGC 技術於漫畫圖像協作的創作者或業界參考。此外，本研究著重於 AIGC 技術的協作運用，創作中使用非 AIGC 技術的部分則不在本文中探討。

## 二、AIGC 漫畫協作的方法與流程說明

　　隨機性（Randomness）是生成藝術的主要特性之一。學者李怡志（2022）指出人工智慧生成平台具有隨機性、迭代、偶遇性、不可控制、選擇及策展等特性（Galanter 2016；Boden & Edmonds 2009；Ploennigs & Berger 2022；轉引自李怡志 2022:5），然而隨機性與不可控制也是運用 AIGC 來進行協作的首要難題。如果 AIGC 生成的角色外觀無法一致或無法依照創作者的意圖來生成圖像，創作者勢必需要花費更多時間反覆生成或進行後製修整，且如果生成的角色外觀不盡相同，也會令讀者難以理解故事的意涵。

　　基於能穩定繪製風格、人物外觀及提高協作控制能力等的重要考量，研究者選定具有文生圖、圖生圖、ControlNet[05] 圖像生成控制技術，以及可載入角色 LoRA 模型功能、可穩定角色生成外觀的 Stable Diffusion[06] 人工智慧圖像生成技術，作為本創作研究的主要 AIGC 協作工具。

　　為了提高圖像生成的掌控性，研究者主要使用已繪製好的線稿及草圖，並透過 SD 文生圖功能下 ControlNet 的 Lineart 生成控制選項，來生成漫畫圖像的完成色稿。研究者使用於 AIGC 協作漫畫作品《Summer Sunshine》中的草圖與線稿原本為 30 頁的中短篇紙

---

04　AI 協作方法論是指從靈感到行動的工作方法，透過 AI 技術使工作更有效率地進行。
05　Stable Diffusion 及 ControlNet 線上學習資源，鳥巢 AI 藝術平台：https://aiarttw.com/courses
06　研究者使用的是電腦版的 Stable Diffusion Web UI 版，安裝的 ControlNet 版本為 v1.1.224。巨匠電腦 Stable Diffusion 安裝教學 https://www.pcschool.com.tw/blog/designer/stable-diffusion-installation

本漫畫，大部分為可辨識的線條草圖，少數頁面則有完成的人物線稿（圖2）。

圖2　局部完成線稿（左）及線條草圖範例頁面（中及右）

圖3為本創作研究運用 Stable Diffusion 協作《Summer Sunshine》漫畫圖像的流程說明圖。研究者先依個人繪製風格來選定合適的 LoRA 模型作為 SD 生成的主要基礎模型（底模），並使用選定的底模先訓練出作品中女主角與男主角的 LoRA 角色模型[07]。此外，經測試後發現，過於潦草、無法辨識內容的草圖則需先透過線稿 LoRA 生成清晰線稿後，再進行色稿生成方能有效降低生成錯誤（這個過程稱為「清稿」）。然而協作的過程中發現，即便運用了上述的生成控制技術和方法，生成的圖像仍然經常產生不合理或錯誤的情況，因此研究者除了搭配文字提示來提高生成的穩定性之外，也需大量生成圖像以方便後續進行圖像篩選、合成及繪製修整等工作。

---

07　LoRA 的全稱是 Low-Rank Adaptation of Large Language Models，是 Stable Diffusion 的一種外掛程式，可以在現有基礎模型（底模）下搭配訓練的人物 LoRA 模型，便可產出特定人物外觀。

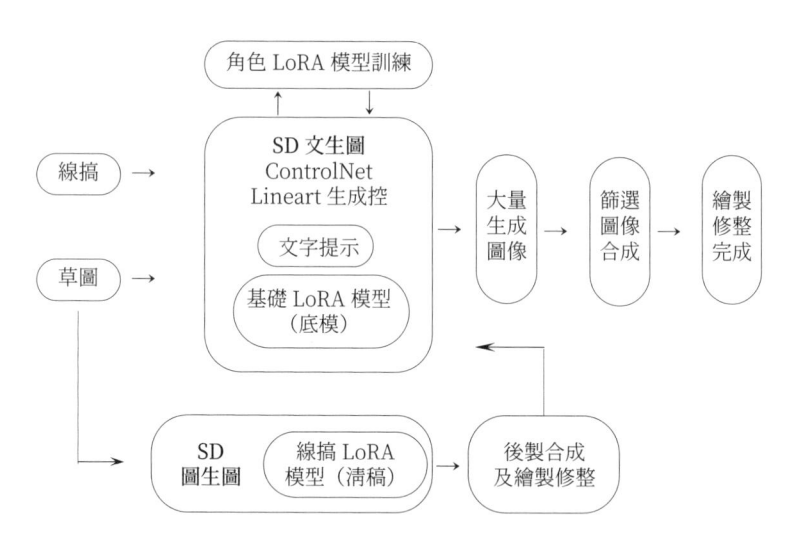

圖 3 「Summer Sunshine」運用 Stable Diffusion 協作漫畫圖像的流程說明圖

　　新的數位媒介與技術會為藝術或創作帶來新的創作表現契機，是一種「媒介機緣技藝」（陳雅惠 2008；鄭慕尼 2013；劉俐華 2014），研究者曾運用 VR 技術創造三部 VR 漫畫作品《海洋生物超有事！》，發現 VR 技術的出現為數位漫畫敘事帶來了「沉浸感」及「移情感」的媒介敘事技藝（劉俐華，2020）。學者 Boden（1998）亦認為人工智慧可為人們帶來重組式、探索式及轉變式等三種心理創新的創造力。因此，研究者也會針對運用 AIGC 進行漫畫協作的過程中，產生新的敘事表現或靈感想法部分進行探討。

## 三、LoRA 模型的選用與角色模型的訓練

　　研究者從 Civitai 網站[08]選用「MeinaMix」[09]LoRA 為主要生成

---
08　Civitai 是 LoRA 模型開源網站，提供並分享各類 LoRA 藝術模型。網址：https://civitai.com/
09　研究者所使用的 MeinaMix 版本為 V10，LoRA 模型網址：https://civitai.com/models/7240/meinamix

基礎模型（底模），並使用「Anime Outline」[10] 黑白線稿 LoRA 模型用於草圖清稿。基於後續繪製修改的掌控性，兩組模型皆選用與研究者創作風格較為接近的動漫風格（圖 4）（圖 5）。在女主角 LoRA 模型的訓練，研究者先將封面女主角的草圖透過「Anime Outline」線稿 LoRA 生成清稿並進行繪製修整後，置於 SD 文生圖下 ControlNet 的 Lineart 生成控制功能，並以文字提示輔助生成樣貌（圖 6）。在陸續生成並選定理想的女主角頭像後，鎖定該圖像的生成隨機種子[11] 並搭配文字提示生成不同角度及表情的女主角頭部圖像共 15 張（圖 7），並以此作為女主角 LoRA 模型的基本訓練圖。

圖 4　研究者的繪製風格（左）與選用的 MeinaMix 底模風格（右）

圖 5　研究者繪製草圖（左）、使用線稿 LoRA 清稿（中）及最後生成修整的樣貌（右）

---

10　研究者所使用的 Anime Outline 版本為 V4，LoRA 模型網址：https://civitai.com/models/302422/anime-outline

11　隨機種子（Seed）是 SD 在生成圖像時所產生的特定圖像編號，使用者可透過鎖定該編號使後續所生成的圖像在基於該圖像的生成效果下進行生成微調，藉此穩定後續生成的效果。

圖 6　清稿後的封面女主角草圖置入 ControlNet 下 Lineart 的設定介面

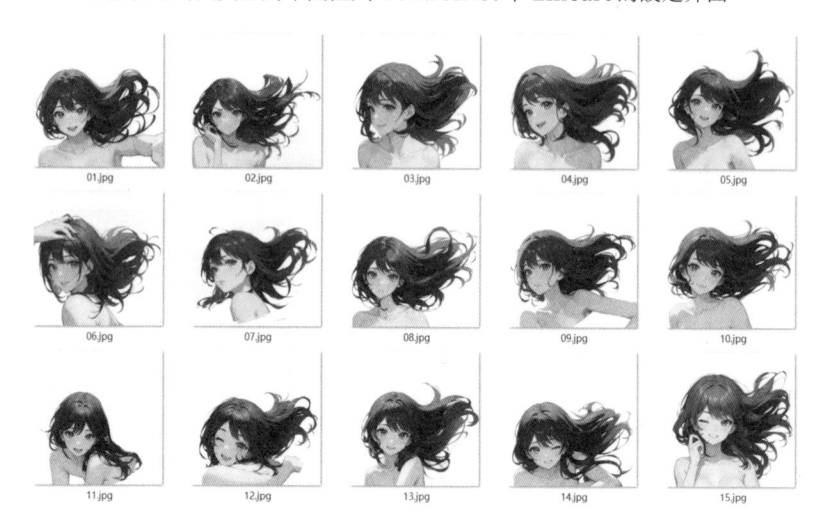

圖 7　女主角的 LoRA 角色模型訓練基本圖形

在男主角 LoRA 模型的訓練部分，研究者先透過文生圖的方式選擇與原始角色設定最接近的生成造型（圖 8），並透過鎖定隨機種子編號及文字提示生成各個不同角度的頭部圖，最後選出 15 張作為男主角 LoRA 模型訓練的基本訓練圖（圖 9）。在開始訓練男、女主角 LoRA 模型前，研究者將 15 張女主角及男主角的五官逐一進行了

手繪修整,使男、女主角的五官樣貌修繪成更符合研究者偏好的人物五官風格(圖 10)(圖 11)。

圖 8 男主角原始設定與運用底模 RoLA「MeinaMix」所生成的男主角設定

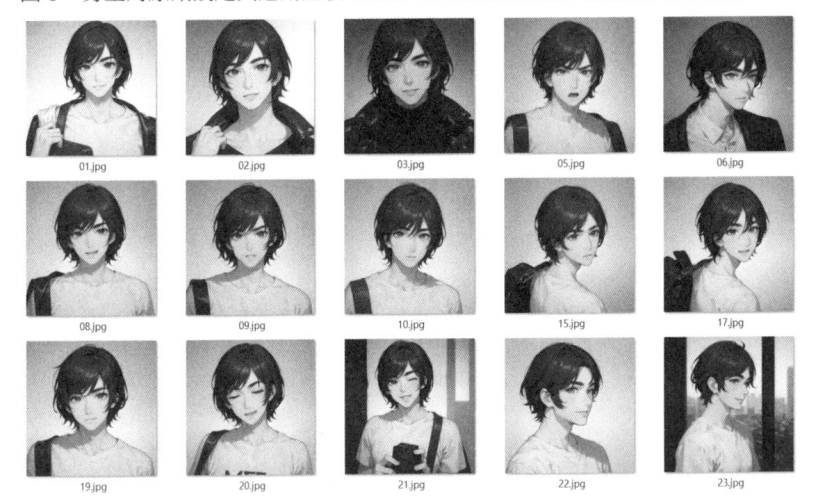

圖 9 採用鎖定種子及文字提示所生成的男主角 LoRA 角色訓練圖

圖 10 女主角原生成圖與手繪修改後的角色五官比較

圖 11　男主角原生成圖手繪修改後的眼睛比較

　　然而男主角的五官設定曾在創作過程中進行了修改。研究者在運用線稿 LoRA 清稿時發現，結合了線稿 LoRA 及底稿 LoRA 所生成的男主角比原本設定的男主角臉龐更為年輕帥氣，與女主角的年齡也較為相近，因此臨時決定參照該生成樣貌作為男主角的設定（圖12），不過當時為了節省時間並未重新訓練男主角的 LoRA 模型，而是改用鎖定隨機種子、參照圖像、文字提示及手繪修整等方式，來完成作品中的男主角（圖 13）。

圖 12　男主角 LoRA 原始設定（左）、線稿 LoRA 生成風格（中）及後來採用的新男主角設定

圖 13　透過鎖定隨機種子、參照圖像及後製合成與手繪修飾的作法使故事男主角外觀一致

## 四、協作中運用及控制 AIGC 生成的方法

以下分述研究者在運用 AIGC 協作的過程中,用於控制 AIGC 圖像生成的五種主要方法及輔助圖像生成的各種作法。

### (一) 使用高完成度的黑白線稿進行生成

協作中發現,使用完成度越高的黑白線稿越能生成與線稿最接近且最吻合創作意圖的完成色稿。在 Stable Diffusion 的文生圖功能底下,使用 ControlNet 的 Lineart 控制選項並載入完成的線稿(圖14),能生成與線稿最為接近的完成色稿(圖15)。但在圖16,由於研究者原先繪製的線稿與最後設定的男主角五官不同,所以研究者仍須針對男主角五官進行手繪修整。此外,即便是運用完成度與辨識度極高的線稿,生成的圖像仍可能產生許多不完美或不合理的狀況,研究者解決此問題的做法是採用大量生圖(圖17),並從多張圖中分別取出較為理想的區塊進行後製合成與繪製修整。

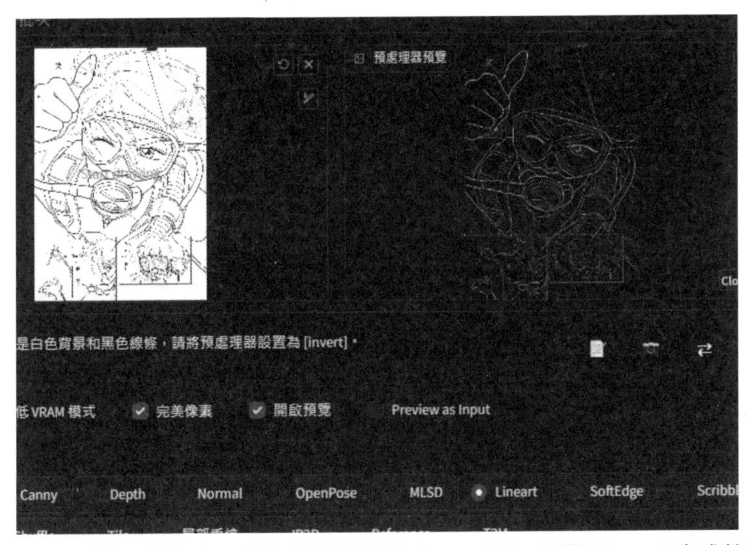

圖14 Stable Diffusion 文生圖功能下的 ControlNet 外掛 Lineart 生成控制設定介面

圖 15 完成線稿（左）及使用 Lineart 搭配 LoRA 模型所生成的效果（右）

圖 16 完成線稿（左）、使用 Lineart 所生成的圖（中）、修整五官及修正局部錯誤後的圖（右）

圖 17 AIGC 的生圖有高度的不可控制性，一次生成多張圖可以方便做後續的修整工作

此外，在生成圖 16 時發現，男主角手上的錬子無法被順利辨識生成，因此研究者先將錬子的各個型態獨立繪製（圖 18），分開生成後再後製加回色稿（圖 19），這樣的作法除了可以維持錬子外觀與型態的一致性之外，也有助於後續錬子動態的製作。

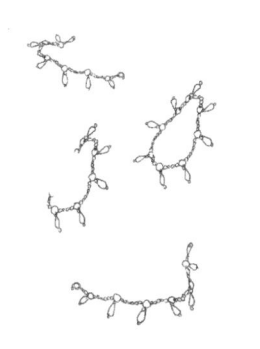

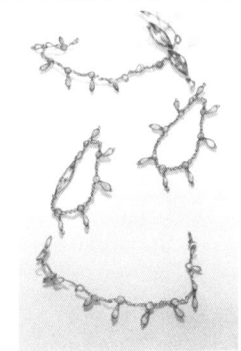

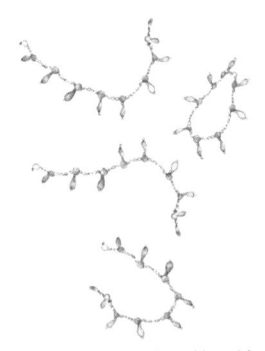

圖 18　將腳錬物件獨立一頁進行生成運用（線稿、生成及最後修整完成後的腳錬圖）

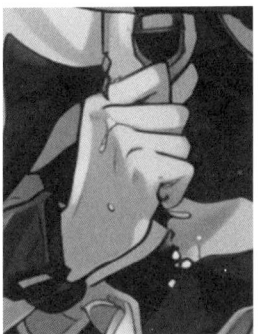

圖 19　原錬子草圖（左）、無法辨識錬子的錯誤生成（中）及分開生成後加回的完成圖（右）

（二）將草圖先透過線稿 LoRA 清稿後再生成

如果草圖線條過於潦草或 SD 難以辨識內容的情況下，先經過線稿 LoRA 模型做第一次生成清稿後再做色稿生成，通常會有比較好的生成效果。以圖 20 為例，雖然生成的效果與原草圖還算接近，但參照草圖所生成的圖其線條較為粗糙，調低草圖的控制權重（Weight）

雖可優化線條，但又容易產生與草圖原意背離的生圖。如果先透過線稿 LoRA 在圖生圖功能下做第一次生成清稿（圖 21），除了可將原本較為潦草的草圖進行優化之外，亦可使生成的色稿線條更為流暢自然。

圖 20　原男主角草圖（左）、直接使用草圖生成效果（中）及調低草圖控制權重的問題（右）

圖 21　運用線稿 LoRA 清稿後效果（左）、清稿後再生成效果（中）及手繪修飾後成果（右）

　　此外，臉部草圖先經過線稿 LoRA 清稿之後再生成也會有比較穩定的生成效果。例如圖 22 這張女主角草圖的臉部畫得比較簡略潦草，導致生成的效果並不理想，研究者先透過線稿 LoRA 在圖生圖功能下進行清稿，將生成線稿進行繪製修整後，再套用女角色 LoRA 模型生成與後續的繪製修整，方才得到理想的完稿畫面（圖 23）。

圖 22　女主角側面草圖（左）及直接運用草圖生成後的效果（右）

圖 23　清稿效果（左一）、修整後線稿（左二）、再生成效果（右二）及最後修整成果（右一）

## （三）將背景及個別人物草圖分開獨立生成

圖 24 這張草圖中因包含多個角色及背景元素，生成的人物五官和肢體產生了嚴重的變形問題之外，角色的臉部表情也無法依照訓練的角色 LoRA 模型順利生成。於是研究者先將角色及背景分開成個別草圖並獨立生成，發現分開生成的穩定性與成功率有顯著提高（圖 25），圖 26 為使用草圖一起生成，以及將人物與背景草圖分開生成後再修整的兩者比較對照。

圖 24　多人物及背景草圖（左）及生成的肢體變形情況（中）及五官變型問題（右）

圖 25　獨立角色草圖（左）、生成合成修飾的圖（中）及手繪修飾後完成圖（右）

圖 26　直接使用草圖生成（左）及分開草圖元素進行生成修整後完成圖（右）

（四）運用草圖掌控人物的表情與肢體動作

　　協作中發現，運用草圖不僅能提高人物的表情或肢體動作生成的掌控性，某些情況下還能強化角色圖像的戲劇性表現。圖 27 是在 SD 文生圖功能下，使用文字提示並結合使用 ControlNet 的 Lineart 控制選項，直接參照草圖線稿所生成的效果，圖 28 則是僅使用文字提示[12]沒有使用草圖所生成的效果。兩者比較後發現，運用草圖搭配文字提示可以得到與草圖人物表情及角度最為接近的生成效果，且臉部表情與人物情緒的表現更符合原故事原意，僅使用文字提

---

12　此處所使用的文字提示（prompt）為「1boy, 40 years old, solo, blush, facing left, wild open mouth, Blue T-shirt, angry, white background, male focus, comic, simple background, sweatdrop」。

示的生圖則隨機性高，較難準確掌控人物的表情樣貌、頭部角度和肢體動作。

圖 27　人物草圖（左）、運用草圖直接生成的效果（中）及最後修整完成圖（右）

圖 28　在 SD 文生圖下單純使用文字描述所得到的生成效果

　　運用草圖搭配文字提示也較易掌控人物的肢體動作，例如圖 29 是在 SD 文生圖功能下，使用文字提示並結合運用 ControlNet 的 Lineart 控制選項搭配草圖線稿進行生成的圖，圖 30 則是僅使用文字提示[13] 所生成的圖。此外，對於圖 31 及圖 32 這種較難透過文字描述的人物動作和角度，運用草圖來生成更有效率且容易掌控。

---

13　此處所使用的文字提示（prompt）為「1girl, rita01, solo, long hair, brown hair, brown eyes, looking at viewer, hands up, white tank top, yellow skirt, floating hair, dress, surprised, open mouth, white background, <lora:meinamix_rita01-000005:1>」；「<lora:meinamix_rita01-000005:1>」為女主角 LoRA 的模型名稱及使用提示。

圖 29 人物草圖（左）、參考草圖生成的效果（中）及最後整修效果（右）

圖 30 在文生圖下僅使用文字描述所得到的生成效果

圖 31 特殊動作的人物肢體運用草圖生成更有效率（原始線稿、生圖圖及修整完成圖）

圖 32 有些動作較大的角色運用草圖更能得到理想效果（原始線稿及生圖圖及修整圖）

（五）調整草圖控制權重可獲得不同的生成效果

將草圖置入 ControlNet 下 Lineart 控制選項時，可以透過調整控制權重讓生成效果趨近或背離草圖原意。圖 33 為將控制權重分別調成 1 及 0.5 的生成效果。當控制權重設定為 1 的時候，生成的人物表情、臉部方向及肢體動作與原草圖最為接近，而當調降控制權重為 0.5 時，生成的人物表情、臉部方向及肢體動作則有較大幅度改變。

圖 33 參照草圖（左）、控制權重設定 1（中）及控制權重設定 0.5（右）的生圖效果

研究者在使用草圖生成並搭配調整控制權重參數下，能獲得更多元的表現靈感。圖 34 草圖繪製了一個比較少見的俯視角度，導致

SD 無法順利辨識生成，在研究者降低草圖控制權重後取得了一個更理想的新構圖。圖 35 原故事的結局是男女主角相擁的畫面，但在調低草圖控制權重生成不同角度及姿態的人物時，讓研究者產生了新的故事靈感想法，因此修改了故事的結局畫面。

圖 34　原草圖（左）、不合常理的生圖（中）及調降控制權重的生圖結果（右）

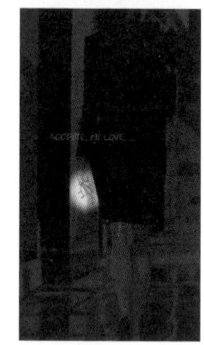

圖 35　原結局想法（左）及因生成變異而產生不同的結局靈感（中及右）

（六）其他輔助生成的方法

1. 草圖佐以文字提示能提高生成品質與成功率

　　圖 36 為研究者使用清稿線稿（已經過線稿 LoRA 生成清稿後的線稿）進行生成時，無使用文字提示詞及有使用文字提示詞的生成效果比較。未使用文字提示的生圖，SD 無法辨識角色身上穿的是潛水防寒衣（wet suit），且手上蓮蓬頭所噴出的水柱亦無法被正確辨識生成，在加上了明確的文字提示之後，生成的圖方才接近草圖原意，

而除了提示詞，研究者亦加上了反向提示詞[14]來提高生成圖像的清晰度與生成品質。文字提示的部分，研究者主要使用 SD 的 Tagger 的功能，可將草圖內容元素快速分析並反推成文字提示。

圖 36　參照線稿（左）、未使用文字提示的生圖（中）及使用文字提示後的生圖（右）

## 2. 運用 OpenPose 輔助人物生成肢體動作

　　ControlNet 下的 OpenPose 功能可讓協作者運用骨架圖或人物圖片來輔助動作的生成。圖 37 這張封面草圖中的女主角由於線條較為潦草，SD 無法準確生成抬腳的動作，因此研究者先建立了一張與女主角動作接近的 3D 人物圖置入 OpenPose 控制選項，並在生成時追加參照輔助生成，經過多次的線稿 LoRA 及色稿 LoRA 生成修整後方才獲得理想的人物姿態。

圖 37　原草圖、追加參照的 3D 人物圖、生成修飾後線稿及最後生成修飾後效果

---

14　使用的反向提示詞為「worst quality, low quality, cropped, mature, blurry」；反向提示詞可以避免 SD 生成低品質、模糊及不合適的生圖。

## 3. 運用圖生圖功能使畫面風格趨近一致

　　研究者發現適度使用圖生圖的重繪功能，可以讓分開生成後再合成的圖產生風格協調且一致的效果。例如圖 38 這個場景的人物與背景原為分開生成，透過 Adobe Photoshop 合成修整並加上地面陰影後，放入 SD 圖生圖功能並使用 0.1 低重繪幅度設定（Denoising strength）讓畫面微幅的重繪生成，能使整體的顏色和繪製風格更加融合協調。

圖 38　角色與背景合併後再運用低重繪圖生圖設定讓畫面顏色融合協調

## 4. 運用圖生圖及局部重繪產生連續動態圖

　　此外，研究者在運用圖生圖功能時，意外發現運用圖生圖功能可以創造出連續動態感的圖。例如圖 39 這個場景使用了低重繪設定生成多張輕微畫面差異的圖，當將這些圖串聯成影片時，便產生了畫面搖曳浮動的微動態水中場景；而運用圖生圖下的「局部重繪（inpaint）」功能，則能讓畫面中的特定區塊產生連續動態圖。例如圖 40 這張圖中蓮蓬頭水流的範圍，就運用了局部重繪的功能生成多張有些微差異的水流圖，當串聯成循環影片後，看起來就像男主角使用蓮蓬頭在沖水。

圖 39　運用圖生圖生成低重繪連續圖並透過串聯畫面產生微動態感

圖 40　運用圖生圖的局部重繪功能生成蓮蓬頭沖水連續動態畫面

5. 運用 SD 圖生圖局部重繪功能協助背景繪製

　　圖 41 的場景為研究者運用 SD 的圖生圖功能，將船的圖進行重繪生圖，使之生成動漫風格的場景，並透過 ControlNet 的局部重繪（Inpaint）來調整畫面大小並使用填充（Resize and Fill）的縮放設定（圖 42），多次調整圖生圖的直向及橫向尺寸生成，能讓背景產生擴大的效果。

圖 41　船原圖（左）及運用 ControlNet 的 Inpaint 擴張場景及後製修整後的圖（中及右）

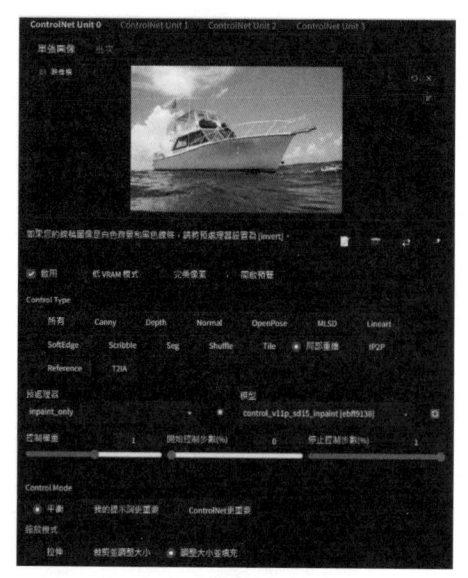

圖 42　運用 ControlNet 的局部重繪擴張場景生成之介面及其設定

## 五、AIGC 漫畫協作研究心得與發現

　　基於運用 SD 進行 AIGC 協作漫畫圖像的過程與經驗，研究者歸納出能提高 SD 圖像生成掌控性的四種面向與方法，以及協作過程中發現的優點與問題供未來協作者參考。

### （一）提高 AIGC 圖像生成掌控性的方法

### 1. 透過訓練角色 LoRA 模型及鎖定生成隨機種子來提升角色生成的一致性

　　研究者發現，使用角色 LoRA 模型是最能有效控制並穩定角色生成的方法，然而前提是需提供並訓練足夠張數、涵括人物各種角度與表情的訓練圖，方能有效提高人物生成外觀的穩定性與一致性。準備足夠張數的訓練圖及訓練角色 LoRA 的過程需要花費時間，針對

出現次數不多的角色，亦可透過鎖定生成隨機種子編號及大量生成篩圖的作法，來取得外觀一致的人物圖。然而即便是使用角色 LoRA 或鎖定隨機種子的生成方式，生成的圖像仍經常存在瑕疵或不合理之處，大部分的生成圖仍需仰賴後製合成或繪製修整，故初期在選擇基礎 LoRA 模型繪製風格時，建議選擇接近創作者原本的創作風格或是創作者能掌握的繪製風格，方有利於後續的繪製修整工作。

2. 活用線稿、草圖、文字提示與控制權重調整來取得理想生圖

除了訓練角色 LoRA 之外，使用線稿搭配 ControlNet 的 Lineart 控制選項能取得最趨近線稿表現的理想生圖，而使用的線稿完成度越高，生成圖像的效果越接近創作原意。線條完稿的繪製較為耗時，研究者主要運用草圖來進行協作生成，使用草圖的優點是能節省繪製時間，但需搭配文字提示、反向提示詞及調整草圖控制權重等方法來提高生成的成功率。此外，針對過於潦草、無法順利辨識或生成效果不理想的草圖，則建議先經過線稿 LoRA 生成（清稿）之後再生圖，可以有效提高生成圖像的品質與生成成功率。然而多經過一次線稿 LoRA 生成也相對會提高人物生成外觀與線條繪製風格變異的機率，後續人工修整重繪的時間也會增加。

3. 人物與元素草圖分開獨立生成可降低生成錯誤率

協作過程中發現，生成時參照的草圖如果包含多個角色及背景等畫面元素，除了生成的人物五官及肢體容易產生變形問題，生成的角色樣貌也與使用的 LoRA 角色樣貌差異甚遠。建議協作者將人物、元素及背景等元素獨立分開生成後再進行後製整合，獨立生成的圖像不僅生成成功率高，且生成效果更趨近草圖原意。此外，人物身上的衣物配件及小道具也容易在生成過程中發生錯誤，建議與人物分開生成之後再後製加回，可節省反覆生成所耗費的時間，也較易維持衣物配件與道具的一致性。

4. 大量生成篩圖及透過多元的生成控制功能提高協作效率

雖然運用角色 LoRA、線稿、草圖、文字提示與調整控制權重等方法能有效提高 SD 圖像生成的品質與成功率，但生成的圖像仍經常發生不完美或不合理的情況，因此採取大量生成圖像之後再進行圖像篩選與後製修整，仍是與 AIGC 協作過程中不可避免的作法。此外，SD 的 ControlNet 中有多種控制及輔助生成的功能可以提高協作效率，例如運用 OpenPose 功能來輔助人物肢體動作的生成，亦可透過鎖定隨機種子搭配參照圖像來穩定人物角色的樣貌，或運用圖生圖的重繪功能來輔助背景生成。

（二）AIGC 漫畫協作的優點

1. 完稿的代勞及創作效率的提升

連環漫畫圖像的創作過程十分繁瑣耗時，借助 AIGC 在線稿及完稿上的快速生成優勢，可以大幅降低創作者的體精力勞損、提高漫畫圖像創作的效率與速度，並讓創作者有更多餘裕專注在故事內容的創作。以本創作研究之作品為例，研究者透過訓練角色 LoRA 及 SD 的各種控制生成功能來提高作品創作的效率，並在 40 天內完成 7 分半鐘的微動態數位漫畫作品，如果研究者沒有借助 AIGC 的協助完成該作品，預估需要 120 天以上的人力繪製與工作時間，然而透過 AIGC 的協作及完稿代勞則讓這件作品的創作效率提高了至少 3 倍。

2. 大幅提升創作的品質與圖像表現魅力

透過 AIGC 進行創作協作，除了能大幅提高創作的速度與效率，協作生成的圖像亦具備高品質的完成效果與上色水準（視選用的基礎 LoRA 效果而定）。除此之外，研究者亦發現在 ControlNet 下運用完稿或草圖搭配文字提示輔助，並透過 Lineart 的調整控制權重來進

行協作，可以在不違背研究者的創作意圖下，生成更豐富且更具戲劇張力的人物表情、姿態與肢體動作，能強化作品的圖像魅力與敘事張力。

3. 與 AIGC 協作能帶來新的創作機緣與靈感火花

與 AIGC 協作的過程，因為 AIGC 的生成變異與技術能力啟發，讓研究者產生了一些新的創作靈感與故事想法，符應了「媒介機緣技藝」的概念。在運用草圖進行生成協作但效果不盡理想的情況下，研究者偶爾會嘗試拉高 SD 的生成控制權重，讓 AI 有更多的繪圖主導權，並從中發現了更理想的人物角度、動作及構圖，甚至產生新的故事想法。此外，研究者亦意外發現運用圖生圖的技術，除了可讓畫面產生協調感之外，亦能藉此生成具有動態感的連續畫面，因此創作出帶有微動態效果的數位漫畫作品。

（三）AIGC 漫畫協作者的課題

研究者在協作過程中發現，雖然運用 AIGC 協作創作能減輕創作者在圖像繪製上的勞力負擔，但前提是要先花費不少時間學習如何駕馭 AIGC 這個強大的工具。此外，研究者雖然成功運用線稿、草圖及訓練角色 LoRA 等方式來有效控制生成的構圖與角色的穩定性，然而在繪製線稿、草圖及訓練角色 LoRA 等前置作業上花了不少時間之外，為了讓角色及圖像更能符合理想中的造型風格，研究者也耗費了大量時間在反覆生圖及進行人工修整繪製等工作。研究者認為，運用 AIGC 進行協作的目的是為了協助創作的產出並縮短創作的時間，但要如何在創作品質、效率及時間花費上取得平衡，並將 AIGC 協作的優勢最大化，仍是目前 AIGC 協作共創的一大課題。

## 參考文獻

李怡志（2022）。人工智慧生成圖像工具如何提升想像力？。2023 中華傳播學會年會論文。

Galanter, P. (2016). Generative Art Theory. In Paul, C. (Ed.): *A Companion to Digital Art* (pp. 146–180): John Wiley & Sons, Inc.

Boden, M. A. & Edmonds, E. A. (2009). What is generative art? *Digital Creativity 20* (1-2), pp. 21–46. DOI: 10.1080/14626260902867915.

Ploennigs, J. & Berger, M. (2022). AI Art in Architecture. Available online at http://arxiv.org/pdf/2212.09399v1.

鄭慕尼（2013）。後挪用、轉碼與再創作──從圖像小說家克里斯・衛爾作品的後現代風格特質探討與應用出發（未出版博碩士論文）。臺北：國立臺灣師範大學。

陳雅惠（2008）。探詢數位時代中敘事與媒介之關係。2008 中華傳播學會論文。

劉俐華（2014）。數位漫畫跨媒介敘事特質與表現形式創作研究──以觸控式互動漫畫「擇」電子書為例（未出版博碩士論文）。臺北：國立臺灣師範大學。

劉俐華（2020）。「海洋生物超有事！」VR 虛擬實境漫畫創作及技術介紹。臺北：五南。

Boden, M. A. (1998). Creativity and artificial intelligence. *Artificial Intelligence* (103), pp. 347–356.

拾方視角（2023，3月14日）。日本第一部人工智能漫畫面世，AI 對藝術家是敵是友？。villagedoor.org。
https://www.villagedoor.org/ 日本第一部人工智能漫畫面世 ai 對藝術家是敵是友 /

香港矽谷（2023，9月）。「觸手 AI」發佈交付級 AIGC 漫畫工具，年內百部 IP 發力商業化。hksilicon.com。
https://www.hksilicon.com/articles/2310289

Snowcomicwork〔@snowcomicwork〕（2023，9月7日）。Summer Sunshine。Instagram. instagram.com .
https://www.instagram.com/p/Cw3sV-xPjaG/

Gold Winner：Summer Sunshine〔Li-Hua Liu〕。Vega Digital Awards。vegaawards.com .
 https://vegaawards.com/winner-info.php?id=46292
鳥巢 AI 藝術平台。
 https://aiarttw.com/courses
巨匠電腦（2023，11 月 21 日）。Stable Diffusion 安裝不失敗！官方安裝指南，看這篇就夠了！。pcschool.com.tw。
 https://www.pcschool.com.tw/blog/designer/stable-diffusion-installation
Civitai LoRA 網站。
 https://civitai.com/

# 動畫中寫實場景影像實驗性初探：
# 以《男女蹺蹺板》為例

鄭明秋＊、范如菀＊＊

## 摘要

　　傳統動畫製作以手繪分鏡、原畫繪製、動畫補間、色指定、賽璐珞上色等工序，再到拍攝剪輯、後製配音等為主，同時也是 90 年代日本電視動畫主流的製作方式。本研究以動畫中寫實場景的影像視覺表現為主題，探討 1998 年日本電視版動畫《男女蹺蹺板》導演庵野秀明在動畫中使用實驗性之表現手法，透過拍攝靜態畫面與藉由運鏡產生的動態視覺效果，觀察到庵野導演使用寫實影像作為素材，進行影像之重複混用合成、疊加、融合的視覺表現。研究方法採用內容分析法，蒐集動畫中出現的實驗性視覺表現手法之影像。透過分析與整理分類，最終歸納出四種實驗性手法應用的基本表現型態：（一）攝錄影像表現、（二）賽璐珞美術表現、（三）剪紙表現、（四）傳統手繪美術表現。藉此探討寫實場景影像實驗性的視覺表現方式，期望後續能提供創作者在相關議題上運用之參考。

## 關鍵字

　　庵野秀明、男女蹺蹺板、寫實影像、實驗性視覺表現

---

＊ 國立臺南大學視覺藝術與設計學系碩在職專班學生；E-mail：inspirit.purin@gmail.com。致謝：首先感謝我的指導教授，感謝您給予我指導和支持，使我能夠順利完成這個專題。感謝我的家人和朋友給予的鼓勵和支持，讓我在專題過程中克服了種種困難和挑戰。最後感謝所有曾經幫助過我的人，不斷給我鼓勵的話，提供許多寶貴資料與建議，沒有你們的幫助，這個專題的完成將無法實現。再次感謝所有人的支持和幫助讓這個專題得以順利完成。
＊＊ 國立臺南大學視覺藝術與設計學系副教授。

## Abstract

"His and Her Circumstances"(1998). Through the use of static images and dynamic visual effects created by camera movements, it observes Anno's use of realistic image as material for repeated mixing, overlaying, and merging visual representations.

This research adopts content analysis method. We gathered images featuring experimental visual techniques in the animation and proceed to categorization and analysis. Finally we summarized and categorized the four types of expressive techniques : (1) Video imagery, (2) cel artistry, (3) cut-out animation, and (4) traditional hand-drawn artistry. By exploring experimental visual effects of realistic scene imagery, the study aims to provide references for creators in related issues.

## Keywords

Hideaki Anno, His and Her Circumstances, realistic image, experimental visual representation

# 一、緒論

　　研究者從學生時期對日本動漫感興趣，出社會後曾在遊戲公司任職，接觸到更多動畫，當時曾觀看過庵野秀明導演的動畫作品，未深入了解其製作過程，直至近年庵野導演新版四部電影陸續完成上映，開始回顧庵野導演歷年的作品，想起以前觀看《男女蹺蹺板》時對實景拍攝的影像留下深刻印象，因此發現值得研究的內容。

## （一）研究動機與背景

　　本研究以庵野秀明導演拍攝《男女蹺蹺板》[01] 動畫進行分析研究。庵野秀明著名的動畫代表作為《新世紀福音戰士》，以及動畫電影《新世紀福音戰士：死與新生》和《新世紀福音戰士：Air/ 真心為你》，隨後開始涉獵真人電影[02]，再回歸電視動畫製作進行改編《男女蹺蹺板》26 集。庵野秀明導演初次拍攝真人電影《狂戀高校生》不僅使用黑底白字的畫面視覺表現，還包括以特攝視角、手法等進行。若觀察庵野秀明導演從《新世紀福音戰士》到《男女蹺蹺板》期間製作的動畫，可發現庵野秀明導演不斷嘗試將二次元動畫中融入真實影像剪輯的創作意圖，與日後朝向實現對特攝電影的愛好與原點的脈絡。日本知名導演宮崎駿曾在與庵野秀明對談中曾說過[03]：「庵野的出發點不是動畫，而是特攝的《超人力霸王》。」（五字頭耗子，2016）身為特攝宅[04] 的庵野秀明，即便在製作動畫新世紀福音戰士、男女蹺蹺板，也會將特攝的圖像符號、音效、配樂等元素融入畫面，致敬 1970 年的許多科

---

01　《男女蹺蹺板》是日本漫畫家津田雅美的漫畫，作品於 1996 年至 2005 年，於白泉社的少女漫畫雜誌《LaLa》連載共 103 話，單行本發行 21 卷完結。
02　庵野秀明於 1998 年以新人導演發表上映真人電影作品《狂戀高校生》，改編村上龍的小說。
03　刊載於 1997 年於アニメージュ別冊「宮崎駿と庵野秀明」對談。原文：「庵野さんにとっての出發點はアニメーションよりも、特撮の「ウルトラマン」のわけですね」。中文翻譯參考五字頭耗子文章。
04　特攝一般指涉及攝影技術或影片製作的領域。在攝影技術方面，是特技效果的一部分。御宅族為 1970 年代在日本稱呼對流行文化第二人稱。意指一位熱衷、埋頭於某項領域的人物，將其領域作為前綴，稱呼為「○○宅」（○○おたく），亦有用來自稱的情況。

幻作品。不過這樣的表現不被一般喜歡動畫的觀眾所接受。《男女蹺蹺板》應用實際影像在動畫中所呈現的視覺表現,相當具有實驗性質,在當時的商業動畫中實為罕見。

（二）研究目的

本研究從文獻探討與作品分析,透過慢速停格觀察作品中所使用到的製作手法。本研究目的如下:
1. 探討庵野秀明導演在動畫作品中使用到的寫實影像視覺表現。
2. 分析《男女蹺蹺板》中真實影像應用在動畫的內容,整理歸納此手法的表現方式。進而提供日後的創作之參考依據。

（三）研究方法與範圍

本研究主要方法以透過實驗性動畫的範疇來探討視覺表現手法,並對庵野秀明導演在其動畫作品《男女蹺蹺板》中的實驗性表現進行內容分析。研究庵野秀明導演擔任劇本改編、撰寫腳本的《男女蹺蹺板》第一至第十四話以及第十六話至二十六話[05],並分析其中使用實景拍攝的影像表現相關表現。此外,本研究也針對《新世紀福音戰士》電視版、劇場版中所採用的實驗性表現畫面進行探討與分析。
1. 透過傳統動畫與實驗性手法文獻資料比對兩者差異,從文獻整理歸納實驗性手法與方式。
2. 將目標動畫中應用寫實影像與多媒材組合的部分進行分析。
3. 整理分析結果歸納出基本表現。

---

05　因電視台當時拒播出由庵野秀明導演創作的第十四話,導致庵野秀明提出辭職,緊急改由製作人大月俊倫挑選場景剪輯新合輯。在第十六話之後的片尾製作人員工作表,庵野秀明導演以日文平假名、片假名刊載共同導演。

## （四）名詞定義

### 1. 日本商業動畫

以商業目的所製作的動畫，一般指電視動畫和劇場版動畫，為動畫產業基礎的製作活動。主要為電視台播放的動畫，採取連載的方法，類似電視劇。按播放時間段的區別，分為深夜動畫與全日時段動畫。（一般社團法人日本動畫協會人才育成委員會，2021）

### 2. 實驗動畫定義

由動畫學者保羅威爾斯（Paul Wells）提出傳統動畫具備：型態、特有連貫性、敘事性形式、事件上的演化、風格的統一、藝術家的缺席、對話的機能。而實驗性動畫的特點為：抽象、特有不連貫性、闡釋性形式、媒材上的演化、多重風格、藝術家在場、音樂性的巧思。（顏維萱）（表1）。除了視覺表現之外，在動畫中角色與觀眾互動也是實驗性動畫的表現之一，庵野秀明導演在《新世紀福音戰士》中使用黑底白字與角色對話畫面、《男女蹺蹺板》出現拍攝鏡頭上下晃動來回應角色對話，媒材應用等都是符合實驗性特性的手法。

表1　正統動畫與實驗動畫兩者特性簡表

|   | 正統動畫 | | 實驗動畫 | |
|---|---|---|---|---|
|   | 特性 | 說明 | 特性 | 說明 |
| 1 | 形態 | 通常有能讓觀眾辨識而設計的角色或形態 | 抽象 | 不具有特定、具體型態，例如使用物件、形狀、光影、顏色等表現動態藝術 |
| 2 | 特有連貫性 | 如同電影場記，會注重鏡頭進入、前後使用道具服裝等，避免觀看產生錯亂 | 特有不連貫性 | 打破既定的連續性，取決於創作者自由安排的組合 |
| 3 | 敘事性形式 | 劇情多以主流敘述方式，清楚敘述故事情節轉折 | 闡釋性形式 | 觀眾能以自己的觀賞與閱讀方式理解作品意涵 |
| 4 | 事件上的演化 | 起承轉合與結尾 | 媒材上的演化 | 實驗動畫有別於正統製作方式，能夠嘗試不同的媒材進行創作 |

| 5 | 風格上的統一 | 場景、鏡頭、角色，通常維持風格整體一致 | 多重風格 | 創作者能發展不同的風格。一部作品中，甚至沒有風格上的限制 |
| 6 | 藝術家的缺席 | 製作過程需大量人力，品質控管，因此作品著重於原創者的故事、設計、風格，參與製作的動畫師皆須要收起個人表現 | 藝術家在場 | 有意識能感受創作者的存在，直接能感受創作者想表達的想法 |
| 7 | 對話的機能 | 受戲劇、電影敘事影響。運用對話呈現故事，但也有完全無對白，僅透過肢體語言、音樂音效等方式展現 | 音樂性的巧思 | 透過旋律、聲音、與節奏表達情感，音樂在實驗動畫中扮演重要元素 |

參考資料來源：顏維萱「我所知道關於動畫的事：實驗動畫」
研究者整理製表

## 二、庵野秀明背景與作品脈絡

### (一) 動畫師兼導演

庵野秀明，1960年出生於山口縣，本身是動畫師、導演，亦是株式會社 khara 代表董事社長。兒時對動畫和特攝片，以及城市建築物的著迷也反映在其繪畫作品上。1980年入學大阪藝術大學藝術系影像規劃學科，大學時期與武田康廣[06]與岡田斗司夫[07]結識，在1981年製作第二十屆日本 SF 大會[08]（DAICON III）的開幕，三人做出了一部融合 SF、特攝[09]、美少女要素的動畫短片《DAICON III

---

06 武田康廣 日本動畫公司 GAINAX 創始成員、原董事，現「GAINAX 京都」代表董事，京都情報大學院大學教授。
07 岡田斗司夫 自稱為御宅之王（Otaking）。曾任 GAINAX 公司社長、東京大學講師等，目前為「と学会」會員、非小說類文學作家。在著作《阿宅，你已經死了！》一書中提出御宅已死的說法；指出御宅是成人的特化（兒童發展為成人，成人發展為御宅）。將御宅分類為：御宅原人、御宅貴族主義（第一世代）、御宅菁英主義（第二世代）、御宅感受主義（第三世代）。
08 日本 SF 大會 1962年第一屆大會在日本東京舉行，是日本科幻愛好者的年度盛會。大會正式名稱為第 N 回日本 SF 大会。因每屆主辦地點有不同別名，如2021年於香川縣舉辦第60場次，活動別名 SF60。
09 特殊攝影（日語：特殊撮影），通常以科幻、奇幻或恐怖題材為主。亦有電影和電視節目也可算做特攝。如《哥吉拉》、《家美拉》系列電影，超級英雄包括，如《假面騎士》。

OPENING ANIMATION》大受歡迎。隨後成立了以庵野、赤井、山賀爲中心的自主製作集團 DAICON FILM，共同製作了《愛國戰隊大日本》、《DAICON FILM 版歸來的超人力霸王》等特攝作品。由於庵野忙於自主製作，遭到學校退學，之後便決定前往東京就職展開職業生涯。1983 年在宮崎駿的《風之谷》，因擔任畫製巨神兵動畫場面而聲名大噪。後續製作了個人身爲動畫師最有名的作品《王立宇宙軍》[10]的片尾──圍繞著火箭發射的戰爭場面，是率先達到高度寫實的動作場景之一。1995 年庵野拍攝了共 26 集的電視動畫劇集《新世紀福音戰士》，該作廣受推崇，被公認爲史上最具影響力的日本動畫之一，也是庵野最常被提及的代表作。庵野特別欣賞特攝片及其特效，在《福音戰士新劇場版》系列（2007-2021）製作期間，庵野一再提到，希望用眞實規模的場景創作出特效，但因製作預算有限而作罷（李建興，2022）。2012 年，庵野爲短片《巨神兵現身東京》（巨神兵東京に現わる）撰寫劇本，該片是受到他爲《風之谷》原創設計的巨神兵啟發。實拍短片導演爲樋口眞嗣，由吉卜力工作室製片，此爲向特攝類型致敬，結合實際的微縮模型場景和當時先進特效。2015 年庵野和樋口共同執導了《正宗哥吉拉》（Shin Godzilla，2016），爲開創特攝片類型的經典《哥吉拉》系列的第三十一部。

表 2　庵野秀明 1990 ～ 1999 年間動畫與作品時期簡表

| 序號 | 年份 | 作品名 | 類型 | 總集數 |
|---|---|---|---|---|
| 1 | 1990~1991 | 海底兩萬哩<br>（ふしぎの海のナディア） | 電視動畫 | 39 |
| 2 | 1995~1996 | 新世紀福音戰士<br>（新世紀エヴァンゲリオン） | 電視動畫 | 26 |
| 3 | 1997 | 新世紀福音戰士劇場版死與新生<br>（新世紀エヴァンゲリオン劇場版 シト新生） | 長篇動畫電影 | 1 |

---

10　1987 年由山賀博之執導的科幻日本動畫電影，本片是日本模型廠商 BANDAI 以進軍映像事業的先驅而企劃的作品，負責製作的 GAINAX 正是爲了拍攝本片，而於 1984 年設立。

| 4 | 1997 | 新世紀福音戰士劇場版 Air/ 眞心爲你<br>（新世紀エヴァンゲリオン劇場版 Air/ まごころを、君に） | 長篇動畫電影 | 1 |
| 5 | 1998 | 狂戀高校生<br>（日文名稱：ラブ＆ポップ） | 眞人電影 | 1 |
| 6 | 1998~1999 | 男女蹺蹺板<br>（彼氏彼女の事情） | 電視版動畫 | 26 |

研究者整理

## （二）《新世紀福音戰士》

　　《新世紀福音戰士》故事講述在南極大陸的一次隕石墜落引發了世界性的巨大災難，而在 15 年後的東京，一名 14 歲的少年被神秘組織招募，參與人類補完計畫。這名少年駕駛著巨型機器人兵器，與名爲使徒的敵人展開激烈的戰鬥。看似機器人動畫，卻隨著劇情發展，逐漸轉變成探討角色內心世界。

## （三）《男女蹺蹺板》

　　《男女蹺蹺板》是一部校園愛情喜劇，女主角在學業上表現優異，形象完美，私底下卻是不修邊幅，對身邊事物漠不關心。而男主角則是全年級第一名考進學校，氣質出眾，成爲女主角的強勁競爭對手，卻意外地揭開彼此私下的一面，經過一段時間的相處，兩人逐漸墜入愛河。

## 三、影像畫面表現分析

### （一）實景拍攝表現與畫面分析

　　本章分析《新世紀福音戰士》（以下簡稱 EVA）、《男女蹺蹺板》電視版動畫中，除了把拍攝的寫實場景描繪成動畫背景之外，也直接

將寫實影像照片、影片作為素材,並進行加工及合成特效後剪輯使用在動畫中,包含混合多元媒材的應用手法。以下將依電視版動畫作品順序,分析使用的視覺表現形式。

表3 畫面視覺表現形式

| 序號 | 作品名稱 | 編碼 | 集數 | 畫面時間 | 畫面說明 | 表現形式 | 單集總時長 |
|---|---|---|---|---|---|---|---|
| 1 | EVA | A-1 | 25 | 12' 9" -12' 30" | 非連續畫面的鏡頭切換,特寫人物臉部,逐步增加數道白色裂痕與膠帶 | 將賽璐珞輸出成圖片後撕破,再使用透明膠帶黏貼 | 23' 53" |
| 2 | EVA | B-1 | 26 | 04' 53"-12' 30" | 實景靜止照片處理成單色,以鏡頭水平、上下位移的方式表現 | 無混合媒材,純實景影像用電腦做影像處理 | 23' 53" |
| 3 | EVA | B-2 | 26 | 10' 10"-10' 23" | 非連續畫面的鏡頭切換,畫面出現多種風格的單幅圖畫 | 使用麥克筆、色鉛筆等繪畫媒材繪製 | 23' 39" |
| 4 | 男女蹺蹺板 | C-1 | OP | 0' 42" -0' 54" | 實景靜止照片,單色高反差處理,間奏間切換多張畫面 | 無混合媒材,純實景影像用電腦做影像處理 | 22' 44" |
| 5 | 男女蹺蹺板 | C-2 | 6 | 19' 02"-19' 21" | 將漫畫分格靜態圖像,鏡頭以由右至左水平移動,出現漫畫對白框 | 原作漫畫風格圖像表現 | 22' 44" |
| 6 | 男女蹺蹺板 | C-3 | 19 | 05' 10"-06' 09" | 在靜止實景照片背景前,拍攝紙片角色晃動或移位等 | 以色鉛筆、麥克筆等畫材繪製,再剪出角色或物件輪廓黏貼 | 22' 45" |
| 7 | 男女蹺蹺板 | C-4 | 19 | 05' 50"-05' 57" | 在靜止實景照片背景前,黏貼角色與裁切拉動紙片等 | 實景影像輸出,混合剪紙角色拼貼,並使用火加熱燃燒 | 22' 45" |

研究者整理

以上述分析中觀察到實景、複合媒材繪畫表現的演變過程（如表 3 序號 3、6），兩者在圖像繪製的手法細節差異之外，在《男女蹺蹺板》中的混合應用數量有更明顯的變化（如表 4），歸納整理發現畫面至少混用兩種表現手法。

表 4　視覺表現形式總表

| 作品名稱 | 編碼 | 表現形式 | 攝錄影像 | 賽璐珞 | 剪紙 | 物理效果 | 傳統手繪 |
|---|---|---|---|---|---|---|---|
| EVA 電視版 | A-1 | 將賽璐珞輸出成圖片後，將紙張撕破，以透明膠布黏貼拼接 | | ● | | ● | |
| EVA 電視版 | B-1 | 無混合媒材，純實景影像用電腦做影像處理 | ● | | | | |
| EVA 電視版 | B-2 | 使用麥克筆、色鉛筆等繪畫媒材繪製 | | | | | ● |
| 男女蹺蹺板 | C-1 | 無混合媒材，純實景影像用電腦做影像處理 | ● | | | | |
| 男女蹺蹺板 | C-2 | 原作圖像漫畫風格表現 | | | | | ● |
| 男女蹺蹺板 | C-3 | 以色鉛筆等畫材繪製人物，再依圖片輪廓剪出角色或物件形狀 | | | ● | | |
| 男女蹺蹺板 | C-4 | 實景影像混合剪紙角色與火燒處理 | ● | | ● | ● | |

研究者整理

從《新世紀福音戰士》電視版第二十六話中，出現大量運用意識流的敘事手法，觀察到在動畫中穿插了靜態的實景照片、影像重疊、運鏡移動等技巧，同時結合了多元的媒材，如手繪質感的線條、賽璐珞效果以及實景影像。而後來庵野導演在製作《男女蹺蹺板》時更進一步提升混合這些實驗性表現的應用。研究者發現，比較兩部作品中所使用的黑白影像處理方式也有所變化（表 5、表 6）。

表 5 《新世紀福音戰士》電視版 第二十六話穿插的寫實影像簡表

| 序號 | 集數 | 畫面時間 | 畫面描述 | 影像表現手法 | 色彩表現 |
|---|---|---|---|---|---|
| 1 | EP26 | 5 5' 56" | 拍攝者倒影 | 寫實照片、靜態畫面 | 低彩度 |
| 2 | EP26 | 6' 25"-6' 27" | 堆置廢棄物 | 寫實照片、靜態畫面 | 低彩度、黑白影印網目 |
| 3 | EP26 | 6' 28"-6' 30" | 地面裂縫、鏡頭拉近 | 寫實照片、靜態畫面 | 低彩度 |
| 4 | EP26 | 6' 31"-6' 33" | 排水孔蓋，鏡頭拉遠 | 寫實照片、靜態畫面 | 低彩度 |
| 5 | EP26 | 6' 40" | 自行車，切換第二卡時近照 | 寫實照片、靜態畫面 | 低彩度 |

(參考來源：Netflix) 研究者整理

## 1. 實景拍攝影像

在《男女蹺蹺板》開頭影片（以下簡稱 OP、ED[11]）中，除了有採用繪製原作漫畫風格的靜態圖像之外，歌曲出現間奏的三秒畫面，伴隨節拍以黑白攝影照片呈現影像快速切換，前後兩次共 15 張靜態影像照片。

表 6 《男女蹺蹺板》OP 穿插的攝影影像簡表

| 序號 | 集數 | 畫面時間 | 畫面描述 | 影像表現手法 | 色彩表現 |
|---|---|---|---|---|---|
| 1 | OP | 0 ' 32"-0 ' 35" | 高壓電線桿與交錯的電線 | 靜態影像照片，高反差 | 黑白 |
| 2 | OP | 0 ' 32"-0 ' 35" | 天橋內 | 靜態影像照片，高反差 | 黑白 |
| 3 | OP | 0 ' 32"-0 ' 35" | 交錯的高壓電塔 | 靜態影像照片，高反差 | 黑白 |
| 4 | OP | 0 ' 32"-0 ' 35" | 腳踏車停車場 | 靜態影像照片，高反差 | 黑白 |
| 5 | OP | 0 ' 32"-0 ' 35" | 階梯、拉車 | 靜態影像照片，高反差 | 黑白 |

男女蹺蹺板 第六話 OP 影片 研究者整理製表

---

11 OP 是「opening」的縮寫，指「節目等內容開頭使用的影片和音樂」，開場影片、開場動畫、開場音樂等都稱為 OP。在日本動畫片中片尾則簡稱 ED，為 Ending 的縮略語。

除了靜態影像照片的應用，也包含實景動態影像，例如行進中的電車、移動中的鏡頭視角影像等，而鏡頭運鏡表現則使用平行的移動、上下移動等。當進入角色內心戲獨白，畫面出現天橋、紅綠燈等在不同的時間軸，同樣的紅綠燈描繪畫面中，則以顏色變化來渲染角色表述心境，並重複圖像素材。（如表7）

表7　背景畫面重複應用表現

| 序號 | 集數 | 畫面時間 | 畫面描述 | 表現手法 | 色彩表現 |
|---|---|---|---|---|---|
| 1 | EP2 | 10'42" | 紅綠燈，青切換黃，黃昏天空 | 靜態畫面描繪背景 | 彩色 |
| 2 | EP2 | 10'59" | 紅綠燈，紅燈，夜晚天空，紅燈連續閃三次 | 靜態畫面描繪背景 | 彩色 |
| 3 | EP2 | 21'06" | 黃、青燈閃爍，背景呈現紅色天空 | 靜態畫面描繪背景 | 彩色 |

男女蹺蹺板第02話〈兩個人的祕密〉，研究者整理製表

片尾影片ED由摩砂雪導演與電影製作公司團隊共同協力拍攝，透過不同視角搭配片尾曲《夢の中へ》，採用架設軌道、手持拍攝、一鏡到底的鏡頭運動方式，每回在不同的地點拍攝，呼應校園內的空間場景外，也隨著劇情推進拍攝其他場景，例如電車外風景、在高架橋下的汽車行徑路線、搭乘小艇拍攝海景等。

2. 動畫與影像結合

日本動畫製作上主要以單純的線條表現人物動態，並以賽璐珞上色等手工繪製的方式，透過後製、剪輯去製作特效等。美國電影奇幻喜劇片《威探闖通關》（1988）是以拍攝真人影像後再結合繪製的動畫，經過光學印表機將陰影、色調、燈光效果印製到動畫角色身上增加立體感之外，也更接近與真人演員演出時的燈光照射下一起拍攝的效果，然後再將鏡頭與真人表演鏡頭合成。而《男女蹺蹺板》的影像主要透過剪輯、鏡頭動態等方式表現，較少採用融合了動畫的畫面，

但也並非完全沒有。較為明顯是在第四話中 17 分 26 秒，由動畫表現畫面切換成反向色相與光暈特效，隨鏡頭拉遠，畫面背景中可觀察到真實影像拍攝呈現快轉播放，出現將真實影像融合動畫的應用，畫面中女主角的局部線條，背景採用實景拍攝方式，將賽璐珞動畫畫面與寫實動態影像融合，再以疊加粉紅色效果呈現角色內心狀態。

3. 攝影印象

在劇情對白推進時，畫面以攝影鏡頭拍攝的方式呈現。起初是以閃黑畫面搭配快門音效的方式來表現，第六話的描繪則出現了對焦測光的圓圈變化以及相機觀景窗中的焦距畫面。在動畫所具備的時間軸中，音效與鏡頭對焦畫面的搭配呈現出有趣的呼應，並陸續有穿插相片後製效果的場景畫面，例如使用由下方往上視角拍攝的紅綠燈，以及校園中種植的樹木、球場護網等畫面素材進行描繪照片等修圖的手法。

上述營造攝影影像的氛圍之外，研究者觀察到第七話 19 分 17 秒處，將畫面垂直分割四格，呈現連續動作捕捉定格漸進的畫面，令人聯想到 LOMO[12] Supersampler 相機由四個鏡頭捕捉連續動作的照片效果。

4. 實驗性手法與混合媒材

現今漫畫元素因許多軟硬體設備提升、網路資訊普及，逐漸廣泛應用在廣告影像、電視節目、自媒體經營影片中，而成為觀眾願意接受的表現方式。動畫中觀察到，第六話在描繪與漫畫原作風格畫面近似的畫面時，配合鏡頭表現推進角色心境，如同觀看漫畫一般，研究者認為以當時庵野秀明在前作受到好評的人氣之下，打破商業動畫

---

12　LOMO 的全稱是 Leningradskoye Optiko Mechanichesckoye Obyedinenie（列寧格勒光學儀器廠），是當今俄羅斯最大的光學儀器生產廠。Lomography 代表一種攝影體驗，以隨性的、沒有任何束縛的、回歸攝影的影像記錄方式。其特色有過度飽和、失衡曝光、模糊等。

中常規做法,讓新人發揮許多實驗性的表現手法,或許與當時漫畫原作正在連載,並未完結的狀態有關。若假設成立,在這樣特定因素與導演想強調漫畫表現的視覺風格之下,才有可能被接受。

在第八話 16 分 23 秒,當角色以獨白描述回憶與內心狀態時,畫面中直接拍攝呈現繪製動畫的賽璐珞片、光桌、定位尺等道具。透過暫停畫面觀察到動畫師手部剪影,畫面出現不足一秒,然而手套的輪廓卻清晰可見。部分繪製畫面被抽取,產生快速切換的視覺感,這樣類似真人逐格動畫拍攝的實驗性表現,與手部的快速移動使得畫面瞬間閃過,形成動畫場景轉場的印象,而賽璐珞本身是靜止狀態的素材,也呈現出二次元與現實的畫面結合,使觀眾在角色情節上更有帶入感。

除了賽璐珞和漫畫圖像的表現手法,還包括運用剪紙的演出和傳統媒材繪製的單幅插畫剪貼,來敘述故事情節,例如進行實際拍攝物理現象、逐格拍攝的方式呈現,透過添加音效來強化角色的情緒渲染。這些手法都相當大膽且充滿實驗性質,進一步增強了作品在視覺上的衝擊力。在《男女蹺蹺板》中,庵野導演將漫畫作品改編製作成動畫,藉由實驗性的表現方式,逐步融入並強調漫畫元素,包括將角色顏色去除、採用漫畫構圖、將漫畫分割視覺帶入動畫、大量使用漫畫符號、刻意強調漫畫的視線引導和演出表現等,導演於本作中展示許多實驗手法的應用,在資源有限的情況下,選擇使用最低程度的製作量與勞力,並在這範圍內呈現出最大的效果。

(二) 實景與實驗性視覺組合

綜合上述影像視覺表現的觀察分類整理出表現方式:
1. 純影像。包含靜態、動態實景背景與人物。
2. 純賽璐珞。包含描繪賽璐珞片、動畫影像圖像。
3. 剪紙。剪紙手法、物理變化。
4. 傳統手繪美術。使用漫畫風格圖像、符號、手繪畫材。
由上述為基礎架構,從而延伸出實驗性視覺表現的組合變化。

以上研究整理歸納出以下四種類型：攝錄影像表現、賽璐珞美術表現、剪紙表現、傳統手繪美術表現。（如表 8）

表 8 實驗性視覺表現分類表

| 序號 | 影像內容 | | |
|---|---|---|---|
| 1 | 1-1 黑白高對比<br>1-2 黑白影像<br>1-3 單色疊加影像<br>1-4 動態實景影像<br>1-5 靜止彩色相片<br>1-6 逐格真人照片 | | |
| | 表現方式 | | 定義類型 |
| | 純影像 | | 攝錄影像表現 |
| 2 | 2-1 反向色相<br>2-2 低彩度<br>2-3 分割畫面<br>2-4 賽璐珞疊加實景影像<br>2-5 單幅畫面拼貼<br>2-3 播放影像側錄 | | |
| | 表現方式 | | 定義類型 |
| | 純賽璐珞 | | 賽璐珞美術表現 |
| 3 | 3-1 紙張變化<br>3-2 紙張變化<br>3-3 剪紙、物理變化<br>3-4 剪紙實景背景<br>3-5 剪紙、實景背景<br>3-6 真人影像剪紙 | | |
| | 表現方式 | | 定義類型 |
| | 剪紙、物理變化 | | 剪紙表現 |
| 4 | 4-1 漫畫風格圖像<br>4-2 漫畫元素<br>4-3 剪紙<br>4-4 畫面分割<br>4-5 漫畫符號<br>4-6 手繪圖像 | | |
| | 表現方式 | | 定義類型 |
| | 圖像、符號 | | 傳統手繪美術表現 |

研究者整理製表

人類對於眼前一連串以每秒不少於十六個且差異些微的快速連續影像，會感到這些影像是動態的（陳妍希，2006:10）。透過剪輯手法，即使是沒有描繪動畫動態的畫面，運用組合這些視覺表現手法加上鏡頭運動變化，搭配角色獨白、背景音樂音效等，讓畫面即使是靜態圖像也能有正在「動」的視覺感受。

## （三）電視動畫應用影像案例

近年來，動畫作品不斷地將實際影像融入其中，多半應用於片頭或片尾動畫，這樣的做法增添了不同的視覺效果，使得視覺表現更加豐富多樣。GAINAX 的動畫作品經常採用實驗性的手法，使得他們的動畫作品具有獨特的風格，例如以 OVA 形式推出的《FLCL》[13]，同樣在動畫中巧妙地穿插了寫實影像。這樣實驗性的表現對 2000 年後許多電視動畫作品產生了深遠的影響。

表 9 電視動畫 ED 使用真實影像作品列表

| 作品名稱 | 使用片段 | 年分 | 發布類型 |
| --- | --- | --- | --- |
| 我們這一家 | 開頭動畫 | 2002 | 電視動畫 |
| 天國之吻 | 開頭動畫 | 2005 | 電視動畫 |
| 四疊半神話大系 | 片尾動畫 | 2010 | 電視動畫 |
| 宇宙刑警露露子 | 片尾動畫 | 2016 | 電視動畫 |
| 動物朋友 | 片尾動畫 | 2017 | 電視動畫 |
| 皿三昧 | 片尾動畫 | 2019 | 電視動畫 |

研究者整理

上述作品中將賽璐珞與真實背景混用拍攝的案例，如《我們這一家》ED 隨著歌曲角色在街道上行進，畫面共使用了 11 個鏡頭。其中多數為靜態攝影的場景，搭配著角色的走路動畫。穿越街道可看見汽車、店面，採用影像風格化後製呈現色塊感，這使得寫實背景與動畫 Q 版角色比例的違和感大幅降低。

---

13 《FLCL》（日語：フリクリ）為一部由 GAINAX、Production I.G 共同製作的日本 OVA 系列動畫。OVA（日語：オリジナル・ビデオ・アニメーション），又稱原創動畫錄影帶，原指以錄影帶、影碟首次發行的動畫影片，例如動畫劇集或動畫電影的續集或外傳作品。

由湯淺政明[14]導演拍攝《四疊半神話大系》OP 使用實景影像貼圖，與 3D 場景、2D 人物組合的影像，呈現在日式建物的房間內不斷向前推進的視覺效果。此外《皿三昧》也在 ED 中將角色與現實場景混合，加入動態特效，呈現夜晚雨後的夜景光線、折射霓虹光的視覺效果。

## 四、結論與展望

自二十世紀開始，傳統媒材與技巧的界限逐漸被瓦解，各種媒材開始被混合運用，藝術家們紛紛運用兩種以上的媒材進行創作（李美蓉 1993:43）。庵野導演藉由運用異質媒材的實驗性手法，在動畫影像的創作領域上顛覆了過去日本商業動畫的傳統生產模式，就像新世代的藝術家們透過將平面藝術與立體藝術表現法的混合使用，讓作品最終面貌不再受到次元的束縛。

在日本早期動畫製作過程上，因為遵循縝密的帧數規則而耗費了龐大的資金、時間和人力。直到手塚治虫大師跳脫傳統思考模式，開發出許多方法來節省製作費。例如將原本每秒二十四張的作畫密度降為每秒八張、讓畫片可以重複使用的兼用卡系統，以及運用許多重複動作、中特寫[15]等來填補畫面帧數空缺，進而大幅提高動畫製作人員的工作效率（鐘世閔，2010），此舉實質上促進了動畫產業的產量提升。研究者發現庵野導演使用黑白或彩色實景影像之外，也將賽璐珞、剪紙、手繪美術自由混用產生更多組合變化，在維持校園喜劇的故事情節基調下，導入寫實實景、懷舊特攝、漫畫符號等元素，最終完成庵野流獨樹一格的作品。相較於生活中肉眼所感受的視覺體驗，呈現有別於平面手繪的視覺效果，讓觀影者對於虛擬 2D 畫面有親近感。本研究對此進行分析整理，歸納出了四種實驗性手法基本表現型態：（一）攝錄影像表現（二）賽璐珞美術表現（三）剪紙表現（四）傳統手繪

---

14  湯淺政明，日本動畫導演、編劇、造型設計與原畫師，出生於福岡縣，為 1990 年代日本動畫業界的代表性原畫師之一。

15  參考出處 wiki 手塚治虫（成就與影響）https://zh.wikipedia.org/zh-tw/%E6%89%8B%E5%A1%9A%E6%B2%BB%E8%99%AB#%E6%88%90%E5%B0%B1%E4%B8%8E%E5%BD%B1%E5%93%8D

美術表現。這些混合使用的演進過程，使得故事演繹的視覺表現形式更加多元。若能將這些實驗性質的表現手法適當應用在創作中，不僅能使作品增添嶄新的風味，同時也能讓觀眾更專注於作品，探索創作者想傳達的意念與作品本身的內容。此外，這些多元手法的應用範圍也能擴展到廣告影像、遊戲設計及教育領域，例如運用素材轉換意象，並使用兩種以上的視覺表現手法混合，產生出更多不同組變化的可能性，能夠創造作品本身個性表現，推動跨學科的創新合作，可能進一步提升視覺藝術的表現。

## 參考文獻

一般社團法人日本動畫協會人才育成委員會（2021）。決定版！日本動畫專業用語事典。臺北：臉譜。

李美蓉（1993）。視覺藝術概論。臺北：雄獅圖書。

李建興（譯）（2022）。日本經典動畫建築：架空世界＆巨型城市。臺北：大塊文化。（Riekele, S., 2020）

アニメージュ別冊（1998 年 6 月）。ロマンアルバムアニメージュスペシャル宮崎駿と庵野秀明。東京：德間書店。

陳妍希（2006）。「連續與不連續」－實驗性動畫之時間敘事研究（未出版博碩士論文）。臺北：國立臺灣師範大學。

鐘世閔（2010）。新世紀福音戰士：動漫的藝術創作研究（未出版博碩士論文）。彰化：大葉大學。

五字頭耗子（2016 年 12 月 4 日）。1997 年：宮崎駿庵野秀明對談錄。五字頭耗子的玩具觀察。

　　https://howzatoy.blogspot.com/2016/12/5.html

顏維萱（日期不詳）。我所知道關於動畫的事：實驗動畫。國家電影及視聽文化中心。

　　https://edumovie-tfai.org.tw/article/content/734

Catherine Findley. (2013, Oct 22). *Orthodox, Developmental and Experimental*.

　　https://catherinef1993.wordpress.com/2013/10/17/orthodox-developmental-and-experimental/

# 難以撼動的性別角色？
## 從性別革命觀點思考「能幹貓」的出現 *

詹宜穎 **

## 摘要

　　山田ヒツジ（山田羊）自 2018 年 8 月開始連載的《能幹貓今天也憂鬱》（デキる猫は今日も憂鬱）漫畫，於 2023 年 7 月改編為動畫播映後，被譽為「社畜必看療癒系動畫」。故事描繪不擅長家事的職業女性福澤幸來，收養了一隻黑貓並取名為諭吉。懂事的諭吉為了讓主人能持續供應自己維生所需的食物，努力學習人類的家務，不僅習得高超的家事技巧，更大幅改善了福澤的生活。作者描繪出職業女性在工作與家務勞動上的兩難，同時也藉著一隻幫忙做家務的黑貓，為讀者帶來心靈的療癒。但故事的諷刺之處在諭吉是貓而不是人，本文將探究這部作品的思想與性別意涵，從漫畫中所呈現的日本社會性別結構、「諭吉」的隱喻、「諭吉」與「幸來」所組成的理想家庭樣貌等方面，討論漫畫家如何藉著「能幹貓」，拓展出對於性別與個人自立的思考。

## 關鍵詞

　　性別、家務勞動、能幹貓、療癒、第二輪班

---

\* 感謝二位匿名審查人提供的寶貴修改意見，筆者獲益良多。
\*\* 中研院近代史研究所組員、臺北教育大學文化創意產業經營學系兼任助理教授。
Email: siroitama@gmail.com

## Abstract

  Yamada Hitsuji's manga *The Masterful Cat Is Depressed Again Today* (デキる猫は今日も憂鬱), which began serialization in August 2018, was adapted into an anime and aired in July 2023. It has been praised as a "must-watch healing anime for corporate workers." The story depicts a female office worker, Saku Fukuzawa(福澤幸來), who is not good at household chores, adopts a black cat named Yukichi. The sensible Yukichi, in order to ensure that his owner continues to provide the food he needs to survive, learns human household chores. However, the irony in the story lies in the fact that Yukichi is a cat, not a human. This article will explore the ideas and gender implications of this manga. By examining the gender structure of Japanese society presented in the manga, the metaphor of the "masterful cat Yukichi," and the ideal family image formed by Yukichi and Saku, this article will discuss how the manga artist uses the "masterful cat" to expand thoughts on gender and personal independence.

## Keywords

  gender, chores, Masterful Cat, healing, the second shift

# 一、前言

山田ヒツジ（山田羊）自 2018 年 8 月開始，在 niconico 靜畫「星期三的天狼星」（水曜日のシリウス）連載《能幹貓今天也憂鬱》（デキる猫は今日も憂鬱）。2021 年 12 月改至《月刊少年天狼星》雜誌連載，截至 2025 年 2 月為止已刊至 120 話。單行本由講談社出版發行至第 10 卷（2024 年 9 月）；臺灣則由尖端出版代理翻譯至第 9 卷（2025 年 1 月）。2023 年 5 月，作品由 GoHands 製作動畫，2023 年 7 月 7 日至 9 月 29 日播出，共 13 話。

動畫甫一推出，就受到廣泛關注。臺灣網站「網路溫度計」以大數據輿情分析，指出這部動畫在貓咪社團上引發討論，並以「最適合社畜、貓奴的療癒動漫」作為標題介紹這部作品（蔡櫟萱，2023）。誠品網站的主題專欄，也以「療癒時間」加以形容（迷誠品內容中心，2023）。這些解讀正是作者創作的初衷。山田羊（2019）曾在漫畫的後記提到：「《能幹貓》是在我身心俱疲的時候，基於內心的願望塗鴉而成的作品。謹將這部漫畫獻給和我一樣疲勞又缺乏貓養分的人，希望能成為短暫的療癒。」漫畫主打毛茸茸的黑貓，除了搭上日本「貓熱潮」（眞邊將之，2023），還以各式各樣的料理，撫慰辛苦工作的讀者的心。漫畫描述公司職員福澤幸來（ふくざわさく）擔任東京某公司職員，但是過長的工作時間讓她身心俱疲，家中累積了大量垃圾，甚至睡在玄關。直到某個寒冷的冬天，她在公園發現了一隻黑貓，決定將牠帶回家中，為牠取名為諭吉。這隻黑貓很快就發現這位「飼主」似乎無法帶給自己妥善的生活，為了自己的「貓」生著想，牠發展出超常的能力。在漫畫第 0 罐裡，作者以夏目漱石《我是貓》開頭的口吻，表達諭吉內心感想：「吾輩是一隻貓，但是並不是普通的貓。是空前絕後的『能幹的貓』（デキる貓）」。「能幹貓諭吉」彷彿是對無能人類的嘲諷一般，開始展現「空前絕後」的學習能力，除了能聽懂人話，還能通過觀察別人，學習各種能適應現代人類社會的知識，逐漸從小黑貓，成長為比人類更像人類的「能幹貓」。

「能幹貓」的學習過程毫無疑問具有象徵意義。牠開始學會站立、

料理，象徵著人類的「直立」、「用火」，邁向文明的道路；而牠的名字「諭吉」，則是藉著引領日本邁向現代化文明的福澤諭吉，象徵著主角因為諭吉的引領，從一塌糊塗的混沌生活邁向有秩序的文明生活。

藉著「福澤家的黑貓諭吉」背後的隱喻，漫畫也指出了職業女性在工作與家務上的兩難。過去很長一段時間，男主外女主內的家庭結構屬於社會的主流，家務勞動、育兒的工作往往由婦女承擔，但隨著經濟的發展和社會結構的變化，女性就業的情況日漸普及，可是婦女承擔家務的觀念依然沒有改變。

美國社會學家亞莉・霍希爾德（Arlie Hochschild，1940-）曾撰作《第二輪班》（*The Second Shift*），針對1980年代五十個美國家庭中夫妻的相處模式進行考察，探討美國的「性別革命」為何會出現停滯。所謂的「性別革命」，指的是女性開始進入勞動市場後，家庭結構出現重大的變化，女性不再束縛於家庭內，而能在職業上有所發揮。但在1980年代之後，「性別革命」並未持續發生，而出現了停滯。女性因為育兒、照護等家務勞動，經常被召喚回家庭，或者必須同時身兼家庭主婦與職業婦女，負擔工作之外「第二輪班」的勞動。

霍希爾德曾自云：「職場本來就是符合傳統男主外女主內的模式而設計。……我在研究過程不斷聽到職業婦女說：『我真正需要的是一個老婆。』」（霍希爾德，2017：17）「老婆」不必然是字面上的意思，但這句話充分體現職業婦女需要有人共同分擔家務勞動的心聲。霍希爾德認為，性別革命停滯的現象，一是來自對「父職」根深蒂固的觀念；二是在以男性為主的職場上，缺乏對家庭友善的政策（霍希爾德，2017：263）。她提倡一種友善的職場環境，能夠包容男女在家務、育兒上的互助合作。無獨有偶，日本記者小林美希（2022）在《老公怎麼還不去死》這本標題聳動的書中，也提出同樣的觀點，認為若要改善家庭與夫妻關係，首要之務就是「改變職場文化，打造對男女都友善的職場環境」。

不過，山田羊的漫畫卻採取了相異的策略，她並未深入探討如何改變職場文化，也不去描繪男性承擔家務勞動的世界，反而是讓一隻具有高強學習力的黑貓諭吉來從事一切的家務勞動。筆者希望通過

對漫畫文本的分析，探討作者所虛構的「能幹貓」，是否能提供我們對「性別革命」的再認識？牠的出現，能帶來什麼樣的性別議題詮釋可能性？以下將從漫畫中的性別刻版印象出發，探討漫畫關於性別、個人與家庭關係的思考。

## 二、家務勞動與性別刻版印象

《能幹貓今天也憂鬱》中的人物和角色雖是虛構，仍以日本社會現實為基礎。漫畫中的細節呈現出日本社會看待男女性別角色職責的差異，以及「女性擅長從事家務勞動」的刻版印象。

女主角幸來是 24 歲未婚的職業女性，但與刻板印象相反的是，她非常不擅長家務。漫畫以插敘與倒敘的方式，描述幸來初到東京，在撿到黑貓諭吉之前，家中堆滿了垃圾，沒有落腳之地的慘況。反而是在諭吉的幫助下，女主角辭去上一份加班過勞的工作（山田羊，2022：120，6 集「能幹貓煮白飯」），並在新的職場帶起諭吉做的便當，過上相對健康、舒適的「人生」。但是，新職場的男同事，不知道女主角過去的情況，誤以為便當是女主角自己做的，進而對她產生「長得漂亮、個性也好、工作勤奮、酒量好、廚藝超棒」的高評價，更希望「以結婚為前提進行交往」（山田羊，2020：52，4 集 42 罐）。這暗示了日本男性心中理想的女性是溫柔勤奮、能在家中掌廚的賢內助，而非職場上活躍的女性。

此外，在漫畫裡，幸來的上司成田常董因為扣子掉了，想請幸來縫扣子，理由是「記得妳的手在各方便都很巧吧？……因為妳是女生」（山田羊，2023：77，7 集 80 罐）。而當身為男性的織塚部長拿出縫紉包，表示自己可以幫常董縫扣子時，他露出驚訝的表情說：「由、由你嗎！？明明是男人，這種事——」（山田羊，2023：80，7 集 80 罐）顯然，漫畫以此暗指年長的男性往往不認為自己應該要學習這些「家務事」。

雖然織塚部長展現了縫紉的能力，但是他也並非跨出性別框架的男性。他曾假借工作的目的，委請女主角協助他照顧外甥，因為他

「不善長應付小孩子」（山田羊，2019：80，1集9罐）。這也顯示日本男性通常會認為女性「比較擅長照顧孩子」。

而漫畫中的女性角色，比如女主角的公司同事由里，也將自己放進「女性」的角色框架中。當被問及喜歡什麼樣的人，由里回答道：「擁有包容力又能讓我撒嬌的人……像是會主動做家事，即使我不擅長整理，也會以『拿我沒轍』的心態原諒我……如果會為我做便當那就太棒了！……要吃蔬菜喔～～這種感覺（笑）像是老媽那樣。」（山田羊，2019：53，2集17罐）她內心的丈夫理想形象，要能主動做家事、做便當，還會適時照顧妻子的健康。而這些形象，很顯然並不是日本男性普遍形象。這段話同時也反映出，婚後女性必須要負擔家事與做飯的現實。

漫畫所描繪的日本社會，與現實的狀況相去不遠。日本男女從事家務勞動的時數，男性遠低於女性。根據日本國立社會保障・人口問題研究所在2022年做的第七次全國家庭動向調查，日本夫妻平均從事家事的時間，平日妻子為4小時7分鐘，丈夫為47分鐘；假日妻子為4小時36分鐘；丈夫為1小時21分鐘（国立社会保障・人口問題研究所，2024：5）。女性約是男性的3-4倍。而男性在外工作的時間，則是從事家務勞動時間的8倍（小原美紀，2021）。漫畫鮮明地呈現日本社會明確劃分「男性」與「女性」的社會角色，而這些角色的功能事實上仍停滯在「男主外女主內」的框架中，反而讓進入職場的女性，需要在外工作賺錢的同時，還要繼續從事家務勞動。

但是，女性真的比男性適合從事家務勞動嗎？作者虛構出一個完全不擅長家務的女主角，為的就是要顛覆人們認為女性擅長家務勞動的刻版印象。

漫畫的女主角福澤幸來，不僅不會打蛋（山田羊，2019：103，1集10罐），連泡泡麵都擔心會失敗（山田羊，2022：42，6集63罐），更曾經差點把廚房燒了（山田羊，2023：58，7集77罐），幾乎沒有照顧自己生活起居的能力，這些特質可能也解答了她為何會睡在堆滿垃圾的家中。日本倒垃圾的規定相當複雜，倒垃圾這件事對她而言可能也並非易事。真實的她，與日本社會中理想的女性形象有

著極大的差距。此外，上述女主角的公司同事由里的例子，她也提到「如果自己不擅長整理」，希望未來的丈夫可以體恤她、原諒她。女性未必都擅長「整理」，也未必喜愛做家務，但在傳統的性別結構中，女性卻被期待成為家務勞動者。

此外，漫畫也描繪了幸來住家附近的超商女店員仁科。她夢想成為能獨立寫歌的音樂人，但在追求夢想的同時，也過著極度不健康的生活。某日幸來下班時巧遇仁科，發現她臉色蒼白，打工、上大學和演唱會等事情都堆積在一起，讓她睡眠不足，家中同樣堆滿了垃圾，飲食也相當不均衡（山田羊，2022：68，6集67罐）。這個角色反映的正是現代人可能面臨的困境。女性未必擅長做家務，也未必有能力和時間做家務。當必須要上學、工作的時候，女性也渴望有人可以幫忙她們打掃家裡、煮飯料理。因此，「諭吉」的出現，為女主角帶來一絲曙光。如同救世主一般，讓女主角從不擅長的家務勞動當中解放出來。

### 三、能幹貓的出現：家務勞動的解放者

「諭吉」是一隻家事全能的黑貓。身為雄貓，牠完全不需受限於人類社會對男性性別角色的期待，同樣，牠也無需擔憂人類社會對於男性不出外工作，只在家從事家務的「歧視」。正是這樣的特徵——人類之外的存在，牠經常一邊以冷眼（有時還帶著咂舌聲）看著無能的人類；一邊又用超乎完美的工作能力，幫助人類完成各式各樣繁雜的家務。

「諭吉」這個角色和名字有多重的隱喻。牠經常自稱「吾輩」，就像是《我是貓》裡的主角，一邊觀察，一邊嘲諷著可笑的書生（人類）。「諭吉」這個名字，與被印在一萬元鈔票上的福澤諭吉（1835-1901）同名。[01] 這位日本思想巨擘，曾以大量的思想著作，推動日本往「文明」的道路前進。

---

01　日本銀行於1984年發行的一萬円紙幣上是福澤諭吉的頭像，2024年則改為日本明治時代的實業家澀澤榮一。

福澤諭吉曾在《文明論概略》裡對「文明」(civilization)做了相當詳細的梳理。他在書中指出，「文明」是一個相對的詞，指的是擺脫野蠻狀態，逐漸進步的意思。在野蠻狀態裡，人是孤立的存在。孤立、與世隔絕的人，就無法通過與其他人的交際而產生才智。無法產生才智，就難以獲得身體安樂與道德精神的進步。換言之，「文明」不僅包含衣食無虞、資本、生命力，也包含制度、文學、道德等各方面的事物，是人類擺脫孤立，在智識與道德上不斷進步的狀態（福澤諭吉，1982：30-33）。

　　如果將福澤諭吉對於「文明」的理解，放進這部作品裡，黑貓「諭吉」正是藉著家務勞動——煮飯、清潔打掃，藉著規律的作息和有紀律的生活，讓幸來從野蠻狀態進入文明狀態，並且在工作上不斷進步。這些進步提升了幸來的生命力，進而能夠維繫著家內的資本累積，讓衣食、生活品質獲得保障。

　　除此之外，為了報答幸來在冬天的夜晚救了牠一命，諭吉憑著一己之力站了起來，以驚人的速度成長，開始獨力完成洗碗、煮飯、倒垃圾、打掃等家務事（山田羊，2019：113-120，2 集「諭吉屹立於福澤家」）。

　　「諭吉」的自立也呼應著福澤諭吉另一部影響深遠的著作《勸學》。這本書首要強調的是「勤於學問」。福澤諭吉認為，「學問」並不是艱澀難懂的東西，而是能擴大人的知識見聞，使人辨明事物道理的實學。他在書中提到：「過日子也是學問，理財也是學問，能夠洞察時務也是學問。」通過學習學問，人能夠明白自己與他人並沒有位階上的分別，沒有人上之人，也沒有人下之人。黑貓「諭吉」的學習，象徵著自立的過程。牠在幼貓階段，積極地學習如何倒垃圾、使用電子鍋，一點一滴地累積人類世界的知識。而牠的身體也變得越來越大。大到能夠像人一樣行走，還能更方便地購物和煮飯。漫畫中，幸來曾擔憂諭吉是否會「繼續成長」，大到身體無法待在人類居住的房子裡，因此開始每個月製作成長紀錄表（山田羊，2022：60，6 集 66 罐）。但筆者認為，諭吉身形的成長，正象徵著學問累積的成果，也象徵著一種進步的狀態。無論牠的身體是否會繼續「長大」，牠仍會持續不斷累積

「學問」，在自己與女主角幸來的日常生活中，不斷讓這些「學問」派上用場。

「諭吉」的出現，不僅將女主角從繁重的工作與自己不擅長的家務當中解放了出來，也讓她開始有餘力思考自己的人生。

漫畫以不少篇幅描繪幸來的成長背景。作爲家中的獨生女，母親是小提琴家，父親是職業棋士，從小就有機會學習各種才藝和柔道，但是因爲太在意周圍人們的眼光，她擔憂自己比不上父母。過高的自我要求，加上害怕失敗，使她無法對任何一個目標產生長久的興趣。她曾經以爲自己能找到一個目標，以之爲動力前進，但是後來逐漸發現，自己「捨不得放下的東西一個也沒有」（山田羊，2022：101，6集69罐）。爲了逃避這些壓力，她決定離家成爲普通的上班族。「在工作上獲得成績」成爲她自我肯定的方式（山田羊，2021：23，5集49罐）。有趣的是幸來也經常展現出充滿「男子氣概」的一面，包括幫助附近超市打工的女店員仁科，以柔道趕跑糾纏著她的男朋友（山田羊，2019：106，2集22罐）；在電車上逮住騷擾同事的色狼（山田羊，2020：36，3集26罐）；還有當仁科因過勞身體不濟時，用公主抱的方式將她送回家（山田羊，2022：69，6集67罐）。此外，她高中時在文化祭扮演男裝服務生，也曾讓朋友的孩子將她誤認爲「男的」（山田羊，2021：40，5集50罐）。

作者一邊塑造幸來的男子氣概，一邊描繪她的無自信、膽小與自卑。這些描繪呼應了霍希爾德對性別認同複雜性的觀察。她指出，人的性別認同不能純粹以單一面向加以理解，因爲人往往會「綜合了特定文化觀念與自身過往經驗的感受，並以此發展出自己的性別意識狀態。但他們也會納入生涯機會的考量，作爲形塑意識形態的依據。」（霍希爾德，2017：48）換言之，每個人的性別認同與對性別角色的認知，是由其幼時的成長環境、接觸的人事物，以及在社會上遭遇的機會考量所形塑。而這些認同的展現，其實也是複雜甚至是隱微的。藉著幸來這個角色，可以讓讀者看到一個普通、平凡的人的多種面向，而這正是現實中的每個主體所具有的複雜性，並非「男性氣質」或「女性氣質」的二元架構所能概括。若非「諭吉」陪伴幸來回到老家，

重新面對自己的家人和過去的自己，幸來可能還是會繼續忍受著高壓的職場和骯髒混亂的家，而難以對自己有更進一步的思考和認識。

　　隨著故事的進展，作者也開始讓「諭吉」的「自立精神」向外產生正面的影響。仁科在接受了「諭吉」清潔打掃的幫助後，曾悄聲跟幸來說：「他這樣看起來很像我媽。」（山田羊，2022：98，6集69罐）隨即打算向「諭吉」學習下廚，而這也連帶影響了幸來想要學料理的念頭（山田羊，2023：48、51，7集76、77罐）。此外，幸來在聽了織塚部長「只不過是扣子掉了，動不動就勞煩別人幫忙也挺丟臉的」一段話後，也開始想要學習縫紉的技巧。如同她對諭吉所言：「果然身為社會人士，至少要顧好自己的大小事」（山田羊，2023：83，7集80罐）。這些情節都在指出「家務勞動」是個人「自立」的重要事務。漫畫也通過上司從織塚部長那裡學會縫紉技巧而感到得意的情節，強調家務勞動無關性別，是每個人都應該好好學習的重要技能。

　　「諭吉」的「自立」也對其他的「貓」產生積極的影響。漫畫裡曾出現一隻被女主角上司織塚部長的外甥，和諭吉一起撿到的小白貓小鑽（だいちゃん）。後來被一對想要成為網紅的情侶收養。小鑽曾被諭吉照顧過，相當崇拜能夠直立起來行走的諭吉，因此在家中不斷練習站立。同時，牠也為了自己的飼主，也想要努力提高牠的飼主在IG上的人氣（山田羊，2023：29，7集73罐）。顯見「諭吉」的「自立」，不只跨越種族，也傳遞給了牠的同族，產生了積極的效應。

　　這位嚴格的「指導者／家長」，讓人們體認到家務對於自立的重要性，呼應了福澤諭吉在日本明治時期經歷近代化轉型時，對於何謂個人獨立、文明的提倡。

　　但是，我們還可以繼續追問，為什麼諭吉可以長得這麼大呢？在沒有辦法反轉男女性別結構的情況下，「幸來」與「諭吉」的互動，還能帶給讀者什麼樣的「性別革命」可能性？

## 四、何謂家人：感謝之情與對等關係的建立

　　若先拋開「人類」的種族框架，進入「幸來」與「諭吉」之間的互動，

讀者可以看到一個性別功能反轉的理想異性戀夫妻相處模式：作為「家庭主夫」的諭吉將家裡打點得十分妥貼，而作為「職業婦女」的幸來在職場上努力工作。而且諭吉與幸來幾乎像是家人一樣彼此照護、互相陪伴，難以分離。比如女主角離開家參加員工旅遊，雖然只離開兩天，但一人一貓就已感到相當寂寞。（山田羊，2018：76，3集29.2罐）

當然，幸來與諭吉當然並非「夫妻」，而是「飼主與寵物」。飼主與寵物的關係建立在寵物是被飼養的對象，飼主必須主導、掌握寵物的生活。換言之，寵物依靠飼主生存，很難說兩者具有對等的關係。在某些時代，「上對下」、「主與從」、「飼養與被飼養」的概念，也曾鑲嵌在「夫與妻」的關係之中。但是當寵物反過來，開始幫助飼主生活的各方各面，成為了飼主的「照顧者」，自然也就瓦解了飼主與寵物所存在的「上對下」、「主與從」之間的關係。

作者藉著經歷了「文明開化」，以一己之力站起來，努力學習人類世界事物的黑貓「諭吉」，成功反轉了這一切看似理所當然的「主從」認知，消弭寵物在生存方面的依存，而能夠與幸來成為互相幫助、陪伴，宛如家人一般的存在。

漫畫中，超商店員仁科曾詢問幸來，她與諭吉是「一家人」的關係嗎？幸來略帶覷覥地回覆：「是的！」緊接著又說：「已經不太會意識到我們是飼主與寵物的關係了。」由於當時的仁科以為諭吉是「人類」，她自然就用人類社會的框架想像飼主與寵物關係的幸來和諭吉，因而露出有些驚恐的表情（山田羊，2022：16，6集59罐）。但正是因為諭吉的「自立」，讓牠得以讓自己與幸來成為幾乎是對等的存在。

成為對等關係的表述，貫穿在漫畫當中，包括5集內封漫畫裡，諭吉心裡也曾浮現這麼一句話：「『飼主』這個詞的真正意義，吾輩很久以前就已經放棄深思了。」這句話一方面在調侃幸來毫無生活能力，全然不像「飼主」應該有的樣子。但更重要的是，這段話也表達了諭吉與幸來是對等的個體，他們是互相陪伴、協助的家人。為什麼諭吉能夠做到這一點？牠到底為何可以長得這麼大？作者也讓幸來多次對諭吉提出這個問題。諭吉雖然沒有正面回答，但是畫面卻帶到諭吉想起

幸來感謝自己的模樣。

很顯然，「諭吉」並不只是為了自己的生存，才有了如此巨大的轉變。牠是為了回應這位不像樣的「飼主」自我犧牲的愛與陪伴，才努力學會垃圾分類、用電子鍋煮飯，並且開始用兩腳站立，長成人類的體型，以便更容易地參與進人類世界。這裡，凸顯出了「感謝之情」的重要性。在漫畫裡，女主角幸來與諭吉，經常對對方表達感謝。比如幸來下班回家路上巧遇電視台記者採訪，在電視直播中直接表達對諭吉的感謝，這句話療癒了當天諸事不順的諭吉的內心（山田羊，2018：111，1集11罐）；又如聖誕節當天，幸來努力尋找諭吉喜愛的偶像簽名書；諭吉則是將家裡布置得充滿聖誕氣氛，並且扮成聖誕老人慶祝了聖誕節（山田羊，2020，4集45罐）。這樣的「感謝之情」貫穿了整部作品，成為漫畫療癒人心的要素。

作者曾用「互利共生」（山田羊，2023，7集附錄）描述不同物種之間的雙贏關係。但是通過這種互利共生，反而更能體現理想中的「家人」的關係，以及「家庭」存在的意義。在這部漫畫當中，「家人」是不需要通過血緣，也不需要藉由法律上關係的認定，而是建立在互信、互相理解、彼此感謝對方付出的基礎上，形成對等、彼此尊重的關係。

有趣的是，「諭吉」雖然聽／看得懂人類的語言文字，但牠不會說話（雖然偶爾會哼歌）。表面上，因為「諭吉」本來就不是「人類」，而是一隻貓，貓當然不會說人類的話，我們也可以把「諭吉」與「幸來」之間不需要言語的溝通方式，視為彼此的互信和理解，漫畫曾描繪出，當幸來對諭吉說出感謝的話，「諭吉」便以貓咪感到舒服而會發出的「呼嚕」聲回應。通過互相理解達成的感謝，使幸來與諭吉成為地位對等的、一起生活、互相照料的家人乃至於夥伴。但更根本而言，貓咪作為家人，不會說話可能反而是現代人所期望的陪伴方式。言語有時未必能促進彼此理解，反而造成隔閡和傷害。

《能幹貓》的虛構呈現的當然是一個理想的情境，但仍能讓讀者產生積極的思考──無論是夫妻、伴侶或是家人，在日常的相處中，是否能對共同生活的人懷抱感謝之情，並將這份感謝之情傳達給對

方？我們是否努力理解他人，又是否能將這份理解充分表達給對方？這樣的理解關係應是雙向，而非單向的。諭吉的「長大」——無論體型上或是精神上的成長，意味著牠對幸來的重視，也反映出牠對幸來感謝之情的回應。而幸來也時常對諭吉表達感謝。而在漫畫裡，幸來對諭吉所能表達出的最好的感謝，其實就是保持健康的身心，好好工作，讓彼此能夠長久地陪伴對方（山田羊，2023，7 集 71 罐）。

## 五、何謂家庭：憂鬱之所在、幸福之所在？

當然，幸來與諭吉建立起彼此信任的過程並不是一帆風順。這也是這部漫畫的標題「能幹貓今天也憂鬱」的「憂鬱」之所在。在筆者看來，讓諭吉感到「憂鬱」的來源，是對於生存的憂患意識。從自己的生命，到維繫自己生命的飼主狀態。對身為野貓的諭吉而言，這是攸關生存的殊死戰。因此，當牠看見幸來這個人類，毫不重視自己的生活狀態、不好好照顧自己，完全不將自己的生命當一回事的時候，牠也曾經想過要離開，甚至規劃好逃跑的路線，因為牠認為自己無法在幸來身邊活下去。漫畫曾描繪諭吉看見睡在玄關的幸來，一起床就慌張地幫自己準備貓糧和水，卻完全顧不得自己時，牠內心浮現出的想法是：「連自己都沒辦法好好照顧的生物不會長命，即使留在這個地方也只會同歸於盡。」（山田羊，2020：122，「諭吉離開福澤家」）但諭吉最終仍然沒有離開福澤家。雖然無奈，牠發現牠已經將福澤家視為自己的家了。正因如此，為了自己的「貓罐頭」（生存），也為了不要與這名人類同歸於盡，「能幹貓」開始學習、成長，成為飼主在生活上的指導者，逐漸培養出與幸來之間的信任關係。

這樣的信任關係，不必然是戀愛或情慾方面的關係。如前所述，諭吉與幸來雖然像是夫妻，但作者並無意讓一人一貓發展出任何戀愛感情。如同現實中，寵物的飼主常常會自稱自己是寵物的媽媽或爸爸，幸來也曾以諭吉的媽媽自居，還擔心如果諭吉帶老婆（貓）回家，自己會不會與母貓發生「婆媳問題」（山田羊，2022：5，6 集 57 罐）。有趣的是，在第 4 集內封漫畫裡，諭吉也像是幸來的老媽一樣，

憂心幸來是否能夠嫁出去：「這不是性別的問題，而是以生物來說，她完全不行。真是的，這樣下去，也沒人肯娶她吧……」（山田羊，2020：128，內封漫畫）諭吉雖然不是人類，但是牠也覺得自己像是幸來的「家長」，希望幸來能夠「找到好歸宿」、「過得幸福」。

　　這些描繪根本上反映出在漫畫中每一個角色，或多或少都將「組成家庭」視爲人生最終的歸宿。在這些角色的心裡，似乎認爲結婚仍然是必要。諭吉和幸來都曾考慮過對方組成家庭的情形。通過角色內心的吐槽和思考，筆者認爲，作者也在引導讀者進一步思考，所謂「找到好歸宿」、「好對象」究竟指的是什麼？是一個會打掃家裡、洗衣煮飯的對象？還是一個會賺錢養家的人？無疑，無論是諭吉或是幸來，在對婚姻的認知上，都存在著日本社會普遍存在的窠臼，但作者也同時讓讀者看見在福澤家中相處的成員，彼此協助、彼此表達感謝，並且在這樣的生活中，不斷成長。

　　或許會有人認爲，諭吉作爲如此能幹的「雄貓」，使得這部漫畫似乎並未跳脫「男性試圖成爲拯救女性、主導各方面」的敘事結構。但筆者認爲，這樣的設定，反而鮮明地展示了日本女性在現代社會中家務與職場的兩難，以及男性絕少出現在家務勞動中的現況。諭吉雖然是一隻「雄貓」，但牠與幸來的相遇和互動，也不能單純視作「男性試圖拯救、主導女性」。因爲事實上，諭吉反而是被幸來所救，若沒有幸來偶然伸出援手，牠可能早就凍死在公園某個角落。與其說是男性拯救女性，筆者更傾向於認爲，這部漫畫描繪了女性拯救男性之後，男女雙方互相依靠、學習，並且一同成長。

　　作者雖然沒有以基進的方式改變社會大眾對「婚姻」或「家庭」的看法，而是設計出了一隻「雄貓」，一方面給予在外打拼生活的職業婦女一點內心的療癒；一方面也透過「諭吉」這個角色的雙重隱喻，重新省思堅守男女性別角色的社會，是否能夠發展出個人獨立的可能性。

　　改變難以撼動的性別結構，必須要從每一位讀者，乃至於每一個人的自立開始。

## 六、結論

　　2021 年，早稻田大學的教授眞邊將之出版了《貓走過的近現代》（猫が歩いた近現代——化け猫が家族になるまで），考察「貓」在近現代發展過程對人類的意義。作者在書中提到，2017 年日本寵物食品協會做了一個「全國犬貓飼養實況調查」，發現貓的飼養數已經達到 953 萬隻，超越了狗的 892 萬隻（眞邊將之，2021）。這個調查的結論顯示了日本越來越多人喜歡不需帶出門散步，能夠在家裡彼此陪伴的「貓」。「貓」對許多日本人而言，也愈來愈像是「家人」一般的存在。但眞邊認爲，貓成爲人類社會的一員，以及飼主無可取代的「家人」，正反映出「人」的家庭功能空洞化的隱憂——「人」逐漸失去作爲陪伴者的作用，而由不會說話的貓來代替。

　　2018 年開始連載的《能幹貓今天也憂鬱》，正搭上了日本社會對貓的喜愛浪潮，也藉由「諭吉」和「幸來」的故事，描繪出了這個謀生不易、工作和生活難以平衡的時代。漫畫讓萬能的「家庭主貓」變成人類親密的伙伴，也反映了日本社會難以撼動的性別結構。現實是否可能有所改變？無論男女，在工作與家務勞動取得平衡、彼此協助的「性別革命」，是否眞有可能出現？筆者認爲，這部漫畫事實上是在日本難以撼動的性別結構裡，嘗試用「貓」作爲隱喻，改變「家務勞動」都是由女性從事的盲點，並告訴讀者，不管男或女、不管性別爲何，「家務勞動」都應該是現代人「自立」的一項重要技能。筆者認爲，作者並未從改變職場環境的角度切入，而是希望讀者看完之後，可以感受到做家事是一項很酷的事情。從這個方式出發，讓人們逐漸改變「女性從事家務勞動」的刻板印象。

　　有趣的是以聰慧的貓和職業女性共同生活的題材作品，除了山田羊《能幹貓今天也憂鬱》之外，2016 年開始在 pixiv 上連載的ユウキレイ《佐伯家的黑貓》（筆者暫譯，佐伯さん家のブラックキャット），也描繪了女主角養的黑貓突然變成半人半貓的生物，能夠說話，而且很快地解決女主角所在的黑心企業對勞工不合法的待遇。另外還有一式アキラ《酒店女和軟飯貓》（筆者暫譯，キャバ嬢とヒモ猫），則是描寫

在酒店工作的女子,養了一隻吃軟飯的貓。故事中的貓並沒有變成人的形象,但卻喜歡去小鋼珠店打小鋼珠,偶爾也會用打小鋼珠賺到的錢爲女主角採買生活必需品。這些作品的題材雖然不盡相同,但基本結構卻很相似,都是一位在外工作的人類女性,與一隻待在家裡的雄貓共同生活。這些作品的出現,或許也意味著日本單身職業女性的增加,正逐漸改變日本社會的結構和觀念。

　　透過對《能幹貓今天也憂鬱》的解讀和分析,筆者認爲,「能幹貓」雖然是辛苦工作的女性夢寐以求的幻想,但透過漫畫,作者也讓讀者「看到」家務勞動的意義和重要性。最後,筆者想以《第二輪班》序言提到的一段話作爲本文的結語:「如果一般的男男女女,都生活在一種『幸運』的工作結構裡,並且抱持著給兩性都帶來『幸運』的信念,難道不是一件更美好的事嗎?」(霍希爾德,2017:20)這或許就是作者將女主角取名爲「幸來」,也是這部漫畫之所以能夠帶給讀者療癒的緣故。

## 參考文獻

蔡瓅萱（2023）。《能幹貓今天也憂鬱》爆紅線上看！好想撿一隻臭臉「諭吉」最適合社畜、貓奴的療癒動漫。
https://dailyview.tw/popular/detail/23395 (on August 10, 2024)。

迷誠品內容中心（2024）。回顧 2023 動畫推薦：10 部必追動畫，總有一部能住進你心裡。
https://meet.eslite.com/tw/tc/article/202311080001 (on August 10, 2024)。

張正霖（譯）（2017）。第二輪班：那些性別革命尚未完成的事。新北：群學。（Hochschild, A., & Machung, A., 2012）

陳姵君（譯）（2023）。老公怎麼還不去死。臺北：東販。（小林美希，2016）

国立社会保障・人口問題研究所（2023）。2022 年社会保障・人口問題基本調査 第 7 回全国家庭動向調査報告書。東京：国立社会保障・人口問題研究所。
https://www.ipss.go.jp/ps-katei/j/NSFJ7/Mhoukoku/kateidoukou7_kekka_20240426.pdf (on August 10, 2024)。

北京邊譯社（譯）（1982）。文明論概略。北京：商務印書館。（福澤諭吉，1875）

群力（譯）（1984）。勸學篇。北京：商務印書館。（福澤諭吉，1872）

陳嫻若（譯）（2023）。貓走過的近現代：歷史學家帶你一窺日本人與貓的愛恨情仇！。新北：臺灣商務。（眞邊將之，2021）

# 臺灣腐女的身分揭露經驗之探究

劉貞妤 ＊ ＊＊

## 摘要

「腐女」是指閱讀並喜愛以「男性（角色）間的愛與羈絆」為中心的女性向作品（BL）者，消費 BL 出版品或同人二次創作，則是構成腐女身分的第一步。本研究試圖探究自我認同為腐女者的自我揭露經驗，與其所處之時空脈絡之關聯，尤其著重於腐女們與相關社群、社會的互動經驗，如何影響其在不同人際互動情境中的身分揭露抉擇。

本研究訪談 12 位年齡界於 18～35 歲，自我認同為腐女者。研究結果發現：多數研究參與者的自我揭露抉擇，會依所處社會情境與對象進行調整。其中所處情境對腐文化、ACGN 文化的友善程度，是影響此世代腐女身分揭露的重要因素。個人過往經驗，以及社群互動替代性學習的結果，也都影響腐女的身分揭露抉擇。

## 關鍵字

腐女、BL、迷、自我揭露

---

＊ 國立高雄師範大學性別教育研究所碩士。
＊＊ 感謝研討會與談人趙恬儀老師細膩且直指核心的評論意見，現場提問師長、前輩的意見與寶貴的經驗分享，兩位匿名審查人深具建設性的評論意見，本文改寫之碩士論文的指導游美惠老師、口委王佩迪老師及陳伯偉老師的審閱與指正，受訪的腐女們無私的經驗分享以及在書寫路上的陪伴，本文因妳們的支持而得以完成。

## Abstract

"Fojoshi" is female fan who typically love boys' love (BL), a genre depicting male-male romantic and sexual relationships. This study aims to explore fojoshi's self-disclosure in Taiwanese social context, especially focus on the interaction between individuals, fojoshi communities and societies.

12 fojoshi between 18-35years old were selected and interviewed in-depth. The research results are as the following: that the self-disclosure choices of most respondents would be adjusted according to the social context and the individuals involved. The degree of friendliness in the given situation towards BL and ACGN culture is an important influencing factor affecting the disclosure of identity among this generation of fujoshi. Personal experiences and vicarious learning from fujoshi communities also influence their choices in self-disclosure.

## Keywords

fujoshi, BL, fans, self-disclosure

## 一、前言

　　本研究所稱之腐文化（BL文化）包含商業出版與同人二次創作，是由漫畫家、作家、同人創作者、愛好者和相關從業者共構，以BL CP[01]為中心的廣義BL文化。回顧BL文化的發展，由24年組的少年愛漫畫開啟，歷經以《JUNE》專門雜誌塑立、發展獨特的耽美文類風格，並由以男男情色為其標誌性特色的女性向同人創作支系やおい（Yaoi）愛好者社群快速擴張，直至1990年代「女性向的男同性愛作品」在商業出版分類名稱確立為BL（boys' love），可以說BL發源自御宅文化，經歷過不同時期對子類別的涵納或排拒，發展出許多所指相近卻又略有差異的用語（溝口彰子著、黃大旺譯，2016）。換言之，最狹義BL指原創BL商業作品；但，廣義而論少年愛、JUNE、耽美、やおい和BL（boys' love），都可指代以「男性（角色）間的愛與羈絆」為中心的女性向類別（藤本由香里 2020）。

　　臺灣的腐文化上承日本BL歷史，在BL的全球化與商業化發展中，深根於臺灣的社會文化脈絡，發展出多元且活潑的社群形象。本研究為盡可能含括腐文化在臺灣的各面向，採用廣義的BL解釋，包含：二次元的ACGN BL商業作品與二次創作社群，和以三次元真人互動為中心，於華文圈通常稱為「三次元CP」或「真人西批」，以偶像、明星等演藝圈相關人員為主要對象的「真人」腐向（BL）RPS[02]愛好者與其社群。

　　本文改寫自筆者之碩士學位論文《以「腐」之名：腐女的認同建構與自我揭露經驗之探究》（2024），聚焦於探討生活於臺灣且自我認同為腐女者的社會處境，以及在相異人際互動關係中的自我揭露考量。藉由深度訪談12位自我認同為腐女者，探究何以腐女在不同情境中，呈現不同甚至是相悖的自我揭露狀態，揭開腐女與相關社群、

---

01　CP為coupling的簡稱，指角色或人物間具有戀愛關係，或具有「萌」的氛圍使他們被同人創作配對。CP可能為同性關係、異性關係或非典的多元情慾關係，但本研究僅討論BL類別的CP。

02　RPS為Real Person Slash的簡稱，源於歐美slash圈，指以真人為對象進行的slash創作，雖此類別的創作包含BG、BL、GL甚至多元性別組合，但本研究中「RPS」僅腐向（BL）。

線下社會互動中隱含的權力運作軌跡，也期望藉由呈現不同的腐女實踐樣態，讓腐女多元、多樣的形象在學術研究中展現。

根據上述研究目的，本研究欲探討之問題爲：腐女身分揭露的情境與影響自我揭露的相關考量爲何？

## 二、文獻探討

回顧臺灣腐文化的發展，やおい、耽美、同人女、腐女子等詞彙於1980至2000年代間陸續出現並傳入臺灣，其中金歡樂版的《聖鬥士星矢》別冊同人作品，可說是初代臺灣同人女（即本研究所稱之腐女）的啓蒙作品，同時它也是帶起臺灣女性同人創作風氣的重要作品（Miyako 2016）。除了ACG同人二次創作，以網路文學爲中心的BL小說社群（留鈺盈 2019）、以偶像明星爲中心的RPS社群（陳意欣 2008），甚至本土的霹靂布袋戲與其相關衍伸（莊雅惠 2011），以及近年興起的BL劇（蔡欣芸 2019；林正輝 2020），漫畫、動畫、小說、廣播劇、眞人影視等多樣媒材都是構成多元多樣的臺灣腐文化的一環。

在日本，BL文類的歷史一般以1970年代起算，竹宮惠子、萩尾望都等「24年組」漫畫家們一改少女漫的異性戀言情公式，少年愛作品中除了男男同性間糾葛的情愛關係，還有對男男情色的大膽描繪（溝口彰子著，黃大旺譯 2016）。「24年組」老師們的作品以女性的觀點、女性自身情感經驗出發，創作給女性讀者本身就極具性別意涵，而少年愛或BL與少女漫畫最大的差別就在於得以抒發少女情慾，而非少女浪漫情懷而已（王佩迪 2016）。女性閱讀BL作品的行動，除了滿足自身情愛想像，同時也扭轉了異性戀作品在描繪性場面時女性的客體地位，形成「被凝視的男性與凝視者的女性」這種視角翻轉的狀態（前川直哉 2012）。

然而，在日本的社會脈絡中，身爲御宅族譜系其中一支的腐女，除了承受來自「御宅族」身分的貶抑，更因BL文本中不斷被放大檢視的「男男CP的性」，而承受道德的譴責。以男男情色著名的女性向同

人創作支系やおい，其名取自「ヤマなし、オチなし、イミなし」（沒有高潮、沒有結果、沒有意義）的首字組合，自嘲自貶意味溢於言表（東園子 2015）。大眾傳播媒體更將腐女置於「他者」的位置，再現為社會規範外的、一般人所無法理解，或甚至有缺陷者（大戶朋子、伊藤泰信 2010）。

身處於不友善的社會環境中，Okabe 和 Ishida（2012）發現日本腐女利用一種矛盾的「不被發現」，建立起「可被辨識」的腐女認同，之所以會有這麼矛盾的身分認同建構方式，是因她們相當在意外界的貶抑目光，並認為自己處於「普通女性」之下位階的腐女汙名所導致。水元朋子（2017）以二次創作腐女社群為例，探究線上腐女社群如何建立、維持、鞏固社群成員的自我認同，她注意到社群成員以匿名策略，在網路空間製造與三次元生活的距離，被嚴格執行的匿名提供無關社會規範、性別框架限制的「表現自由」，也避免來自外部的衝突。大坂瑞貴（2020）更發現，腐女社群對發文標註警語的重視，除了避免成員遭受來自外部的攻擊，也是一種內部保護機制，避免發文誤觸對作品、CP 詮釋不同者的地雷，以此維護原作、二創社群以及與外部社會間的安寧。

綜上可知，日本的腐女一方面因動漫及遊戲愛好者與有缺陷、行為偏差者的連結，以及 BL 與性的連結，不容於社會對女性「純潔」的想像，在異性戀霸權以及恐同的社會脈絡下，她們為了降低腐女汙名對自身的影響，發展出以「隱藏」鞏固腐女認同的方式，也是在異性戀父權社會脈絡中一種獨特抵抗模式。

在大量輸入日本動漫畫作品的產業現實影響下，臺灣腐文化的發展不可否認的與日本御宅文化有高度的關聯性。回顧臺灣腐文化相關研究，我們也發現日臺兩地的腐女經驗有其相似性。Fran Martin（2017）認為臺灣的 BL 相關實踐除了滿足參與者的愉悅與情感需求，更具有提供不同論述競逐、碰撞或交流對話的空間之重要社會功能；然而，受到包裹於「保護兒少」名義下的恐性、忌性思想運作影響，2005 年倉促實施的《分級管理辦法》[03] 及相關法規使 BL 文本一瞬成為

---

03　為現行《出版品及錄影節目帶分級管理辦法》之簡稱，此法是依《兒童及少年福利與權

國家蓋章認定的限制級刊物,這些限制「不適合兒少」內容流通的保守法規限制女性取得用以創建、批判父權文本的 BL 空間,Fran 擔憂國家性別治理的介入可能影響 BL 社群的活力,降低 BL 作為論述交流空間的社會功能。

劉品志(2014)發現,因為腐女的閱讀經驗並非在權力真空生成,其嗜好和腐女身分讓她們必須面對父權／異性戀霸權的壓迫,這樣的處境使腐女經歷相似於同志的「入櫃」或「出櫃」情境。張玉佩、邱佳心(2017)則發現,身處恐同的社會環境中的腐女認為:相對於閱讀、喜歡 BL 文類的「我群」,不接觸 BL 文類的「他群」往往因為對同性戀的恐懼和排斥,連帶地以不友善的態度對待所有與同性戀相關作品和人,因此將 BL 視為一項隱匿性極高的私人興趣、一種隱性的身分認同。

Chiang(2016)以臺灣 PTT BBS 論壇的 BL 版排除 RPS 的討論帖,論述「雖然 BL 迷似乎在一個封閉的線上社群中獲得自由(解放),慾望得以不遵從主流文化異性戀父權的指示,然而她們的反抗是很脆弱的,BL 版拒絕接納 RPS 是她們拒絕成為反抗性公民的象徵」,她認為因為迷並非生活在真空,是否站在反抗性公民的位置,取決於迷如何與其身處的迷群外部社交情境或組織協商;BL 版使用者排拒 RPS 的原因,是因她們必須創造(或維持)腐女的良好形象,為形成此論述,RPS 成為 BL 版使用者與局外人衝突的替罪羊。

換言之,雖然可以將女性閱讀、消費、創作 BL 視為女性對父權性別秩序的反抗,但是這些反抗並非無所顧忌,相關研究也發現 BL

---

益保障法》第 44 條第三項規定訂定,於 2016 年修正發布,立法目的為保障兒童及少年身心健康不會受未經分級管理的新聞紙以外之出版品、錄影節目帶、遊戲軟體影響(參照《兒童及少年福利與權益保障法》第 44 條、《出版品及錄影節目帶分級管理辦法》第一條及該法規之立法沿革)。該辦法第五條為限制級出版品之定義,認為「出版品之內容有下列情形之一,有害兒童及少年身心健康者,列為限制級,未滿十八歲之人不得閱聽」,同條之第四項規定「以語言、文字、對白、聲音、圖畫、攝影描繪性行為、淫穢情節或裸露人體性器官,尚不致引起一般成年人羞恥或厭惡感者。」為限制級。2005 年修正實施之《出版品及錄影節目帶分級辦法》(同法規之舊稱)因制定過程倉促,相關配套措施不足,並且在分級標準認定上使用許多不確定法律概念,導致 BL 作品相對於同程度之異性戀作品,高比例的被以「限制級」處置,此法導致 BL 愛好者在購買、閱讀 BL 作品時受更多從法規而來的限制。整理自:出版品及錄影節目帶分級管理辦法,全國法規資料庫,2016 年 6 月 17 日,取自:https://reurl.cc/DoV8d6

迷依然受 ACG 文化汙名，以及社群內部的自我規範監督，具有強調「低調」、「隱藏身分」社群文化（蔡芝蘭 2011；楊曉菁 2006；張秀敏 2005）。

甚至，王佩廸和 Cocome 兩位 BL 文化研究者曾於 2016 年末在 SNS（Social Networking Services）平台上號召腐女們現身支持婚姻平權，然而這個活動，卻引起腐女社群正反兩派對於是否以腐女身分現身挺同志的爭論[04]。王佩廸（2019）綜合 SNS 平台上腐女們的留言，以及針對腐社群的婚姻平權態度線上問卷調查結果，發現腐女之所以不使用「腐女身分」公開支持婚姻平權，主要有「社群內普遍認為腐女身分應該保密」，以及「社會對 BL 愛好者的汙名」兩大原因，導致腐女們雖然支持同婚，但對於使用腐女身分支持這個行為感到不安。是以，腐文化並不全然是反抗父權文化的嘉年華會場。

整體而言，相對日本、中國腐女所遭遇到對 BL 閱聽行為與性傾向間的錯誤連結、女性情慾的掙扎等，社會反同、反性論述及眼光的審視狀況（堀あきこ 2020；Zhang 2016；大戶朋子、伊藤泰信 2010）。臺灣腐女可說是生活在一個相當獨特的社會環境中，一方面有強調「低調」的社群文化。另一方面，BL 作為一種描繪親密關係與情慾表現的文本，成為現下許多年輕女性的情感教育啟蒙工具，在教育現場中也被教學者視為教學素材使用，以引導學生進入相關的討論（王佩廸 2021）。

近年，BL 劇所帶動的腐經濟、粉絲能量以及社會討論聲量及相關效益，更是相關研究者所難以忽視的。是以，腐女們在何種社會情境脈絡中選擇揭露或不揭露？又如何揭露其腐女身分，及其背後的社會文化意涵，是本研究欲進一步探究的重點。

## 三、研究方法

本研究透過質性研究取向的深度訪談，探究腐女的身分揭露相

---

04　相關討論可參考 2016 年 12 月前後噗浪中對「腐腐撐同志」活動的討論（取自：https://www.plurk.com/p/lz09ip），以及活動主辦者同月於 Facebook 粉絲專頁「動漫社會學」發布的聲明貼文（取自：https://www.facebook.com/ACG.Sociology）。

關經驗以及其背後的權力關係與意識形態之運作。為盡可能呈現腐女們多樣的自我揭露經驗，本研究以自我揭露程度（參見圖1）、社群參與經驗、主要關注作品類型以及「腐齡」綜合考量，以立意取樣為主，滾雪球為輔，招募研究參與者。

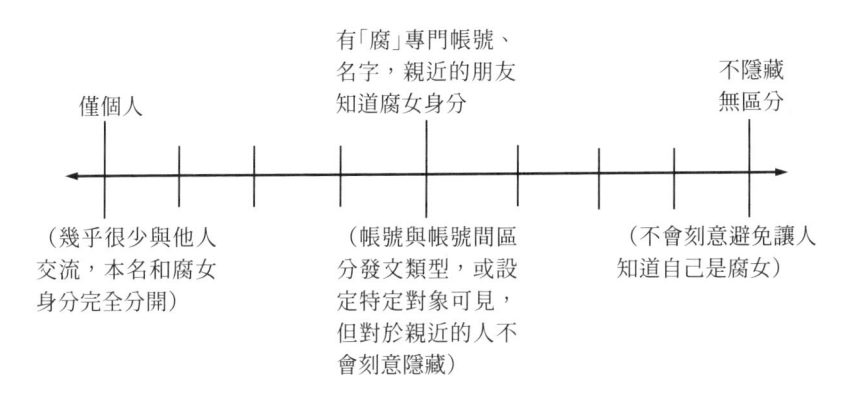

```
僅個人                    有「腐」專門帳號、              不隱藏
                         名字、親近的朋友               無區分
                         知道腐女身分

←─┼────┼────┼────┼────┼────┼────┼────┼────┼────→

（幾乎很少與他人           （帳號與帳號間區             （不會刻意避免讓人
 交流，本名和腐女           分發文類型，或設              知道自己是腐女）
 身分完全分開）             定特定對象可見，
                          但對於親近的人不
                          會刻意隱藏）
```

圖 1　腐女的自我揭露程度光譜

　　本研究雖欲探討腐女的自我揭露在不同情境脈絡中的差異，然而若將不同世代的腐女皆納入為研究參與者，可預期到世代間的經驗差異，將造成本研究在資料分析上過於龐雜而難以聚焦。爬梳腐文化的相關研究，我注意到生活於 Web2.0 時代的腐女，得力於網際網路的普及化，不論是 BL 作品的選擇或是相關資訊的流通，皆處於相對豐富、多元且選擇自由的狀態。特別是智慧型手機與便捷、快速且多樣化的 SNS 陸續進入每個人的日常生活，線上社群的經營與互動，對腐女的身分認同與實踐具有重要的影響力，本研究聚焦的即為這群「網路世代」腐女的身分揭露考量。考量上述以及研究倫理，設定本研究招募之研究參與者為年齡介於 18 至 35 歲，深諳線上社群的跨文化互動之道的「網路世代」腐女。

　　訪談於 2022 年 8 月至 2023 年 3 月間陸續進行，共訪談十二位居住於臺灣，接觸腐文化十年以上，自我認同為腐女者。依研究參與者個人意願，其中三位採實體訪談，其餘人則透過 Google Meet 或

Microsoft Teams 以視訊方式進行,每場訪談約一至二小時,考慮資料的飽和度,十二位研究參與者中有五位進行第二次訪談。

表 1 研究參與者的社群參與經驗與主要關注作品類型(主坑)一覽

| 序號 | 暱稱(年齡) | 主坑a(含不同時期b)<br><br>初次接觸 BL | 社團c經驗或相關身分(含不同時期b) | 自我揭露位置 |
|---|---|---|---|---|
| 1 | みつる(25) | BL 小說(中國)、BL 漫畫、偶像 RPS(韓國)<br><br>國中 | 社團(大學)、coser | 整體位於中間,但依對象、時期不同,於兩極間擺盪 |
| 2 | 落櫻(25) | 偶像 RPS(中國)、小說(中國)、BL 漫畫<br><br>國小高年級 | 社團(大學) | 中間偏左,依對象區調整 |
| 3 | 蕭蕭(25) | BL 漫畫<br><br>國中 | 社團編外成員(高中) | 隨經歷增長,由僅個人往中間移動 |
| 4 | 小羽(25) | 動畫同人、影視 RPS(中國)<br><br>國小高年級 | 同人創作者(文)、coser | 隨環境改變、經歷增長,由不隱藏且會宣揚 BL 愛好,往中間偏僅個人移動 |
| 5 | 雲凝(26) | ACG 及同人<br><br>國小高年級 | 無 | 僅個人 |
| 6 | 阿若(26) | ACG 及同人<br><br>國小高年級 | 社團(大學)、同人創作者(圖) | 隨經歷增長,由僅個人往不隱藏移動,仍會依對象調整 |
| 7 | 紗南(30) | 偶像 RPS(日本)、影視 RPS<br><br>國中 | 同人創作者(文) | 不隱藏 |
| 8 | 司康(25) | BL 漫畫(韓國、日本)、BL 小說(中國)、ACG 同人、偶像及影視 RPS<br><br>國中 | 無 | 隨環境改變,由學生時期的不隱藏,出社會後往中間移動,並依對象調整 |
| 9 | 波波利(30) | BL 小說、動畫(日本)<br><br>國中 | Coser、同人創作者(文)、社團(高中) | 整體位於中間,依對象調整 |

| 10 | S.C<br>（30） | ACG 同人、BL 漫畫、BL 小說<br><br>國中 | BL 出版業關係者、同人創作者（圖、文）、社團（高中） | 隨經歷增長，由中間往無區分移動，依對象調整 |
| 11 | 糖果<br>（30） | BL 小說（臺灣、中國）、ACGN 同人、影視 RPS<br><br>國中 | BL 出版業關係者、同人創作者（圖、文） | 無區分 |
| 12 | 松鼠<br>（33） | 偶像 RPS（K-pop）、職業運動員 RPS（臺灣）、ACG 同人、BL 漫畫<br><br>國中 | 同人創作者（文） | 整體位於中間，依對象調整 |

a. 「主坑」所列為研究參與者投注較多心力的類別，未列出的類別、作品型態、產製地，並非代表無涉略，可能只是關注較少。並且因研究參與者們涉略領域又相當多元豐富，若將所有資訊一一詳列，恐使本表過於擁長，故部分資訊無標註細目類別。此欄位標註「同人」者指 BL 類二次創作，無特殊標註者指商業作品。同時，為求一致性「坑名」的用詞可能與訪談時使用的不同，特別是 RPS 類別，它在華文圈較常使用的用詞為「三次元 CP」、「眞人西批」等等，然而考量本研究強調腐女們在不同圈子遊走的特性，因此不以單一圈子的用詞，而選擇以學術較常使用的 RPS 表示。
b. 「含不同時期」是指該欄資訊可能為研究參與者不同時期的主坑、身分，訪談當時可能已減少對該類別的關注，或停止進行相關活動。
c. 「社團」指 ACGN 相關的學生社團，括號內為參與活動的時期。「編外」指雖然沒有正式成為社員，但有實際參與社團活動、在社團內發表作品的經驗，因此也列入。

## 四、研究發現

本研究之研究參與者皆為接觸腐文化十年以上的腐女，時間的流逝不僅讓稚氣未脫的少女蛻變為獨當一面的社會人，整體社會環境對外來「腐」文化的認知也產生了不少變化。

本節首先描述腐女的社會處境，而後探討相異的人際互動關係如何影響腐女的身分揭露抉擇。

## （一）腐女的社會處境

腐文化傳入臺灣後，最初的受眾以青少女為主，相似於許多青少年亞文化，被主流文化貶斥為小眾、邊緣、低等的文化。日本大眾傳播媒體將腐女再現為「社會常規外」、「非一般人」的存在，臺灣的電視媒體也以獵奇的態度看待腐女，於此基礎上製播專題節目或報導，將腐女再現為大眾難以理解的「怪咖」。小羽回憶起自己在2012年初入腐坑時，看見電視播出以腐女為主題的節目，她認為腐女會成為節目的單期主題，是因為製作團隊用獵奇的態度看待腐女。

> 我剛入圈的時候，大家對腐女這個概念是新奇到會特別開一個節目，例如《爸媽囧很大》[05]，就特地去找很多是腐女的青少年上節目，然後大家就很像用研究稀奇動物一樣去研究這些人腦袋裡的那個情況。（小羽）

小羽提到當時也是「尼特族」、「魚乾女」等詞彙被新聞大肆報導的時期，腐女混雜在有負面形象的詞彙中，出現在電視報導上，導致她被家人誤會。而「宅男不該活在世界上事件」[06]所引發的討論，也讓小羽感受到自己身為喜歡BL、喜歡ACGN文化的腐女像是被研究的「稀奇動物」，是不被尊重的「怪咖」。

---

05　為友松傳播製作、公共電視文化事業基金會監製及首播的臺灣談話性節目，於2009年10月26日開播，2015年7月29日停播。資料來源：維基百科（2023年10月1日），爸媽囧很大，取自 https://reurl.cc/MyRED3。以腐女為主題的節目為2011年3月份錄製的第307集『『腐女』是什麼？爸媽搞不懂？！』。資料來源：批踢踢實業坊（2023年10月1日），[廣告] 什麼是腐女？爸媽囧很大!!!，取自 https://reurl.cc/4WQ9Y2；當集線上版請參考：https://youtu.be/QdfMCs3fYb4?si=deMVNqa_vWwCnthl

06　事件起因為臺灣綜藝《我猜我猜我猜猜猜》2007年9月1日播出主題為「臺灣御宅男」的節目中，主持人吳宗憲將輕小說《涼宮春日的憂鬱》評為色情作品，並擅改劇情讀出部分章節，有誤導觀眾作品為色情暴力作品的傾向；同期節目的嘉賓黑澀會美眉的成員，在節目中對宅男發出「不應該生活在世界上」、「像電車上做變態」的評語。主持人與節目嘉賓發言嚴重誤導並醜化輕小說及ACGN愛好者，播出後引起台日港中社群嚴正抗議，作品的臺灣出版商臺灣角川發表聲明，要求製作單位出面澄清。最終，發言不當的藝人在自己的無名小站發文道歉，主持人則以相關言論是為求節目效果，作品摘文則為節目組杜撰回應。資料來源：萌娘百科（2023年10月1日），宅男不該活在世界上事件，取自：https://reurl.cc/nL7gNl

腐女們回憶起曾感受到被貶低的經驗中，被同班的男同學看到 BL 類作品，而收到戲謔的言詞，或是不贊同的搖頭咂嘴，都是很常遭遇到的負面回饋。例如阿若高中時的一段經歷：

　　一起創作的高中同學，她是負責文筆的部分，被班上的男同學看到，就是說「喔～妳怎麼會寫出這種東西」類似那種貶低的感覺，會想說，那這種東西（BL）可能沒有辦法被大部分的人接受，所以就是，自己窩在旁邊取暖就好。（阿若）

　　深究男同學的反應，可以發現其中隱含異性戀中心的父權結構中女性無性純潔想像，當他們發現女同學在看「色情刊物」是不理解且震撼的。加上 BL 文本以男男戀情為主體，男同學感受到在異性戀 BG 文本中擁有支配者地位的自己，不僅失去支配者地位甚至成為觀看者，男女的觀看與被觀看視角翻轉造成男同學的不安感，進而以貶抑的態度對待同班的腐女，這樣的態度更強化了腐女「BL 沒有辦法被大部分的人接受」的認知，而選擇只在安全範圍內展現「腐」的一面。

　　這段高中時期的經驗，使阿若在就業後遇到同事向她揭露腐女身分時感到驚訝，因為「畢竟妳們是要一起工作的夥伴」。阿若覺得讓無法接受 BL 的同事知道自己是腐女，這件事對職場人際關係的影響，和學生時期讓同學知道自己是腐女，兩者間的重量與風險是不相同的。但也因為那位同事的自我揭露，阿若在職場中「就有一點慢慢……打開心房的感覺（笑）」，於第二次訪談時我詢問阿若為什麼同事的自我揭露讓她對於在職場揭露腐女身分逐漸不感到擔憂，她說：「當妳知道這個人是了解這個部分（BL）的時候，妳就會有一種親切感，我覺得那是一種找到朋友的一種快樂。」此時，她們不再只是同事，更多了腐女同好的關係。

　　在家庭中，腐女的 BL 閱聽行為，因升學主義導致 ACGN 被認為是「耽誤正事」或僅屬於「兒童」的娛樂，例如波波利的父母對漫畫小說的態度是：「妳怎麼都花錢在買這種課外讀物，（他們）覺得應該要好好念書，（……）這些是要給小朋友看的，然後妳都這個年紀了，

妳還在看這個。」又如蕭蕭的家人不僅認爲漫畫是「囡仔冊」[07]，她的父母對 LGBT 群體的不認同態度也影響他們對 BL 此類同性愛作品的想法。

他們會很擔心說，自己的小孩看多了這些書，所以被影響，甚至是轉變性傾向，所以她們其實不太支持我看這種，因為會認為這些書把小孩子帶壞，甚至會偏離原本的正軌，也就是所謂的男女異性戀的部分。（蕭蕭）

BL 讀者與同志的錯誤連結，以及澄清錯誤連結需耗費的心力，使腐女因爲擔心自己的性傾向被家人發現或誤解，而降低自我揭露的意願。本研究的其他研究參與者雖未如蕭蕭遭遇如此不友善的家庭環境，但大多在面對家人時，採取不主動提及、不討論等較消極應對策略。

腐女們選擇此策略不僅因社會中恐同氛圍影響，預設「不了解 BL 文化的人會誤解，覺得兩個男生在一起是不對的，也誤會、不接受看 BL 的人」（落櫻）。更因身處於父權社會女性無性純潔想像的文化脈絡中，當 BL 高比例的被認定爲限制級出版品，若揭露腐女身分，可能間接承認自己在閱讀「色情刊物」，在避談「性」的親子關係中，腐女因而覺得與父母討論 BL 以及「腐」是令人感到害羞，希望避免的話題。

就某種程度來講，就像是爸媽也不會主動去問小孩有沒有在看 A 片的那個感覺吧，因為妳知道查到 BL，很容易就會查到跟 R18 有關的東西啊，這時候就不要講話就最安全了。（みつる）

みつる與父母的關係一直都是相當融洽且親近的，並且みつる的父母對於 ACGN 文化的接受度也相當高，然而就算みつる處在這種環境下，她和父母討論 BL 的意願依然低下，甚至可說是抗拒的。司

---

07　臺語，指兒童讀物。

康也有類似的經驗，她的腐女身分在高中以及大學時期都是絲毫沒有對朋友、同學隱瞞，有時租回 BL 漫畫就直接放在教室桌上。對朋友沒有絲毫避諱的她，卻在面對家人時盡可能避免提及 BL，甚至放在家中的 BL 漫畫，會包上白紙後再放入書櫃的內層，外層以其他「普通的」書籍擋住，「不會讓它在光天化日之下拿出來」（司康）。因為，BL 作品封面上 18 禁標示，以及曖昧的封面設計與書名，存在使家人誤會自己在看「色情刊物」的風險，讓司康產生害羞的感覺，且要解釋封面的 18 禁與內容不一定有實質關係的麻煩程度，更讓她選擇不讓自己有遭遇這種情況的可能。

綜上所述，本研究發現腐女成長過程中，無論是升學主義對「娛樂」的貶斥、BL 與情色的連結、對父權社會下女性無性純潔想像的挑戰，或男女觀看與被觀看者視角翻轉引起的不安，以及 BL 所描繪的同性情慾，使腐女在 ACGN 的汙名外，成為恐性、恐同的敵意眼光瞄準的對象。種種來自家庭、同儕或是大眾傳播媒體的汙名經驗與不安，成為影響她們自我揭露程度的因素。下一段，將聚焦於探討組織氣氛如何影響腐女的自我揭露。

## （二）組織氣氛與腐女身分揭露

本研究發現，在 BL 愛好者的群聚程度高，或組織成員對 ACGN 的友善的團體中，腐女們的自我揭露意願較高，在腐的局外人面前也較無顧忌。例如司康高中時有一群可以互相分享 BL 資訊，一起妄想、共同創作的腐女同學，因此她的腐女身分在高中生活中完全沒有在隱瞞，甚至在被湊 CP 的同學面前也毫不避諱。又如，S.C 表示自己一直以來都沒有太感受到腐女會被排斥或受到異常對待，她認為這可能與自己高中就讀風氣比較開放的學校，而大學又就讀設計類科系有關。

然而，社會對腐女的偏見，直到訪談進行的當下也持續存在。身處不友善的環境，腐女為了避免被視為「失格者」，而傾向於隱藏身分。例如：波波利在醫學院系的實習場所中，組織成員大多非

ACGN 愛好者,爲減少遭受因「現充」[08] 群體以偏概全的將腐女都視爲「失格者」的誤解導致遭受到更直接、強力的惡意,波波利選擇模糊化自己的腐女身分,只有在觸及相關話題時以半自嘲半開玩笑的「我就臭肥宅啊」模糊化地以 ACGN 愛好者地身分揭過,爲應對不友善環境的策略。

小羽曾經在進入新的群體時會主動揭露腐女身分,但隨著生命經驗的增加,她逐漸轉變爲除非對方主動提問,才以「我有在看動畫」回應,被動揭露 ACG 閱聽人的身分。會有如此轉變,是因爲她發現在以「現充」爲主的環境「就算我把 hashtag 標好,我也不會,絕對不會遇到跟我一樣的類型,或是有相同興趣的人,反而她們還會覺得妳怪怪的」(小羽)。相似的是,糖果在大學時期參與過自我提升型社團,雖然她在社團活動中結交到相當多朋友,但社團內的氛圍、以「現充」爲主的成員組成,都讓糖果覺得在這樣的環境下自我揭露爲腐女並不妥當。

換言之,以腐女爲主的社交環境裡,腐女較不會受到汙名的影響,因此較願意展現「腐」的一面,但在以「現充」爲主的社交環境裡,腐女們會因爲擔心被視爲「奇怪的人」、「失格者」而傾向隱藏自己的腐女身分,遇到 ACGN 相關的討論,會選擇以 ACGN 文化中包含度更廣的用詞模糊化身分,或以半自嘲的方式帶過,避免使用在「現充」認知中被誤解嚴重的腐女一詞。

十二位研究參與者中有八位是已就業的社會人士,訪談中她們提到自己的職業特性,也對腐女自我揭露造成影響。身爲職業軍人的雲凝,考慮到職業形象,因此在個人 SNS 的經營上「會注意發言可能造成的影響」,避免有心人歪曲造成負面的影響。與 BL 相關的內容,

---

08  現充(リア充)「リア」指リアル,即 Real,爲發源自日本網路論壇 2ch 的網路語。指現實生活中享受社交活動,喜歡參加室外聚會或活動,無需網路活動(SNS)就能過得很充實的人,通常以有無戀人爲判斷標準,傳入華文圈後,主要使用者爲 ACGN 愛好者。整理自:現充,維基百科,2023 年 10 月 20 日,取自:https://reurl.cc/MyzmQ3;本研究中「現充」泛指「享受、喜歡人際社交活動、參與聚會、室外活動者」,此群體外顯形象爲經常舉辦(參與)聚會或 Party、重視親密關係的有無、在情人身上投注心力、關注三次元的「成功」或在社群媒體平台展示(炫耀)自己「充實」的生活。而「現充」與 ACGN 愛好者兩者的刻板印象是形象相對的群體,因此在本研究中有時「現充」是以二分法表示「非 ACGN 愛好者」。

則因爲不符合專業形象,而不會出現在雲凝的版面。

身爲國小教師的司康,曾在教室中遇到學生們在談論 BL 話題的狀況,她認爲雖然自己國中就開始接觸 BL,但因爲學生的年紀還太小,身爲教師不適合跟學生討論 BL 話題,而對學生隱藏腐女身分。並且,司康也不會對其他教師揭露腐女身分。究其原因,一方面是教師專業形象的考量,二方面是希望自己融入學校的組織文化,「好像也不是很刻意,自然而然就這樣,就是那個文化是怎樣,我就是去融入它而已」(司康)。

在訪談中發現「擔心不接受 BL 者的觀感」是腐女身分揭露的考量相當重要的因素,但並不是所有腐女都曾親身遭受攻擊,也有透過前輩腐女經驗傳承替代性學習而來的經驗。其中,在線上的腐文化相關社團中對「奇人軼事」討論,以警語、禁制爲核心的自主規範系統,由成員彼此監督、共同建構、維持理想腐女形象。例如紗南是透過線上論壇的互動,才學習到隱藏腐女身分爲社群共識一事。

> 腐女這件事情需要隱藏,我真的意識到的是當這一群社群在轉發或吃……那時候沒有吃瓜這個詞,但就是湊一些熱鬧,或者是罵一個人的行為的時候,所謂的小白行為或是之類的時候……她們其實某種程度上就是在告訴妳這件事情應該要怎麼樣被隱藏。(紗南)

社群成員的種種叮囑與告誡,是受到文化氛圍、社會期待之影響,形成腐女社群強調「禮貌」與「體貼」的行爲準則,以避免加重圈外人對腐女群體的誤會,透過社群替代學習的經驗也是影響腐女自我揭露的考量因素。

研究參與者們也注意到,隨著時間推進、社會價值觀的轉變,腐女在臺灣的處境似乎有所變化。同婚專法[09] 提供同性婚姻合法的基

---

09 《司法院釋字第七四八號解釋施行法》(簡稱同婚專法)於 2019 年 5 月 22 日公告,於同年 5 月 24 日施行,2023 年 6 月 9 日修正公布部分條文,此法是爲落實司法院釋字第七四八號解釋之施行(參照同法第一條條文及立法意旨)。釋字第 748 號「同性二人婚姻自由案」於 2017 年 5 月 24 日公布,解釋文略為「民法第 4 編親屬第 2 章婚姻規定,未使相同性別二人,得為經營共同生活之目的,成立具有親密性及排他性之永久結合關係,於此範圍內,與憲法第 22 條保障人民婚姻自由及第 7 條保障人民平等權之意旨有

礎，使 BL 文本描繪的同性關係在臺灣社會獲得合法性，不再只能是悖德、不受承認的。不過，研究參與者們認爲腐女處境的改變與同婚專法這個單一事件並不是直接相關，反而是因爲獲取 LGBT 相關資訊，以及 BL 的管道增加也更容易使用，人們「漸漸了解到很多事情的定義跟他們自己原本想的不一樣（小羽）」。

特別是 2016 年後陸續出現幾部熱門 BL 電視劇，更跨越 BL 受眾與一般電視劇受眾的藩籬，產生了極高的討論度，使「腐經濟」走進大眾的視野，更讓腐女成爲文化娛樂產業盡力爭取的市場。研究參與者與 10～20 歲左右的年輕世代腐女互動中發現，年輕的腐女似乎較少受到負面經驗影響，對「腐」有較正向的認同，因此在自我揭露時更輕鬆、大方。

於本研究之訪談期間，有幾位研究參與者於訪談前後以 Line 訊息的方式與筆者討論「腐女不是大家都知道嗎？爲什麼需要揭露？」等類似的疑惑。在她們的經驗中，腐女身分的自我揭露是透過文字、圖像或言談間流露的「腐用語」等符號，以「腐訊號」的狀態揭露於人際互動中，藉由「腐訊號」與聽得懂、看得懂、喜歡同作品或 CP 的同好「對頻」以開啟腐友關係的建立。

訪談時阿若分享在 SNS 情境中，她如何建立腐的人際關係，以及腐女身分揭露方式：「看到這個帳號發這類型的文，就應該知道這是腐向的帳號、是同好，所以不需要揭露啊，不喜歡的人就不會 fo（follow）了。」因此她並不會特別在 SNS 提供的自我介紹欄位中爲自己打上「腐」的標註，而是透過發文中的文字或圖像訊息揭露腐女身分。又或是在討論到是否會在日常生活中使用「宅物」、「CP 小物」等可能揭示腐女身分的物品時，みつる回憶起她升上高中後與同班的第一位腐女朋友相認契機：「她的桌墊下面有放小卡，很明顯是遊戲的角色，然後就開始跟她討論這些東西（ACGN），然後，我也不知道爲什麼，一個電波頻道有對到就討論到（BL）這樣。」因爲相關符號，

---

違」。釋字 748 號及同婚專法，成爲臺灣同性婚姻合法化的法源基礎。整理自：釋字第 748 號解釋，憲法法庭，2017 年 5 月 24 日，取自 https://reurl.cc/1G3oVD ；司法院釋字第七四八號解釋施行法，全國法規資料庫，2023 年 6 月 9 日，取自 https://reurl.cc/z6lWnQ

而與同好相認,進而建立腐友關係的狀況。

此類釋放出程度不一的「腐訊號」,透過「對頻」主動或被動確認對方的腐女身分,並在某個共同的萌點刺激下,才展開建立於信任基礎上,認真深入的談論腐話題的狀態,可說是一種「靜待有緣人」的身分揭露模式,是本研究大多數研究參與者因應不確定人際互動關係時的身分揭露狀態。

前後十餘年間,腐女由遭受來自整個社會惡意的受汙名者,轉變為資本市場的新寵兒,從被告誡時時謹言慎行、隱藏好腐女身分,並以「低調」、「隱藏」為社群共識。至今日,若處於較友善環境中,或成長經驗較無汙名經驗者,則較可以正面、積極的態度公開腐女身分,其中的轉變不可謂不大。

## 五、結論

以下分別說明本研究之研究發現與研究限制:

### (一)研究發現

本研究探問在臺灣的社會文化脈絡中,自我認同為腐女者的社會處境,以及在相異人際互動關係中的自我揭露考量。由受訪的十二位腐女經驗發現,除了全然不隱藏、區分腐女身分與個人其他身分(兩位)以及幾乎不揭露腐女身分(一位)者外,多數研究參與者的自我揭露抉擇依對象與所處社會情境進行調整。

探究兩位不隱藏、區分腐女身分與個人其他身分角色的研究參與者,可以發現其主要生活情境,多數時間身處對 BL 文化或 ACGN 文化較友善的環境中,或為 BL 產業的相關從業者。而幾乎不揭露腐女身分的研究參與者的生活情境,則是幾乎時時都處於不友善的環境中。換言之,本研究發現所處情境對腐文化、ACGN 文化的友善程度,是影響時年 20〜30 歲世代的腐女身分揭露的重要影響因素。而個人過往經驗,以及社群互動替代性學習的結果,也都影響腐女的

身分揭露抉擇。

並且，在升學主義的影響下，無論 BL 或 ACGN 文化在臺灣仍屬於對「成功」沒有幫助的娛樂，以及 BL 與情色的連結，挑戰父權社會下女性無性純潔想像，再加上 BL 所描繪的同性情慾，使腐女在 ACGN 的汙名外，成為恐性、恐同的敵意眼光瞄準的對象。換言之，腐女以謹慎的態度調整身分揭露程度，是受到文化氛圍、社會期待之影響，「預設」遭遇不被接受、被攻擊風險的應對策略。

而關於自我揭露的模式，本研究大多數研究參與者是以「靜待有緣人」的狀態，不完全隱藏腐女身分，但會依據所處的人際互動脈絡，釋放出她們評估為適當的「腐訊號」，經由與能看懂、聽懂的同好「對頻」，調整自我揭露程度。在確認對方的腐女身分後，才會在共同萌點與信任基礎上，展開腐話題的相關討論，進而建立腐友關係。

## （二）研究限制

本研究為盡可能呈現腐女們多樣的自我揭露經驗，在研究參與者招募時以自我揭露程度、社群參與經驗、入「腐坑」契機與主要關注作品類型（主坑）和「腐齡」綜合考量為主，為盡量涵蓋腐文化的不同面向，並未如過往相關研究限定研究參與者「腐」的副類屬。雖最終十二位研究參與者在自我揭露程度差異以及主坑的多元度，有一定的代表性。然而，腐文化圈主要的聚集與交流需要基於對同 CP、作品、創作設定的愛，但隨著商業 BL 或 ACGN 作品的發布與人氣更迭，以及社群媒體使用差異的影響，雖然我在訪談進行之初即發現需要以 CP、作品為引，然而無奈十餘年的時間跨度，以及由二次元到三次元遍及東亞（甚至歐美）的作品與粉絲社群，我實在難以全部了解並在研究參與者拋出試探訊號時立即接住，這也導致某些研究參與者的真實經驗可能更豐富，卻無法在訪談中暢談，收錄進行資料分析。

社群內流傳用以規範腐女言行舉止的「故事」，除了被新聞媒體報導的事件，大多發生在 CP、作品的社團或論壇內部，因各社團的規定不一，使個人與社群的互動經驗存在差異性，考量進入難度以及

資料代表性,本研究並未就特定社團內的成員互動進行分析。故本研究所呈現的自我揭露經驗有其侷限性,僅能呈現臺灣腐文化圈的部分面貌。

## 參考文獻

Miyako（2016）。臺灣同人活動的轉變與特色。在王佩迪（主編），動漫社會學：本本的誕生（頁 79-91）。臺北：奇異果文創。

王佩迪（2016）。BL 考據學：腐文化的前世今生。PAR 表演藝術雜誌，281，132-133。

王佩迪（2021）。用「BL」來做性別—BL 烏托邦與現實之間。性別平等教育季刊，95，72-77。

林正輝（2020）。腐化無罪、BL 萬歲！泰國 BL 劇與跨國華人觀眾之研究（未出版博碩士論文）。臺北：國立臺灣師範大學。

留鈺盈（2019）。網路時代的文字烏托邦—二次創作同人文的發展與創作特質（未出版博碩士論文）。新北：淡江大學中國文學系。

張玉佩、邱佳心（2017）。色情暴動：遊走於男性愛遊戲的同人迷群。新竹：國立陽明交通大學出版社。

張秀敏（2005）。薔薇園裡的少年愛——同人誌文化與青少女性別主體（未出版博碩士論文）。嘉義：國立中正大學。

莊雅惠（2011）。性別圖像與迷群思維——以霹靂布袋戲為研究對象（2000~2009）（未出版博碩士論文）。臺中：國立中興大學。

陳意欣（2008）。從局內人觀點探索迷文化（未出版博碩士論文）。花蓮：國立東華大學。

楊曉菁（2006）。臺灣 BL 衍生「迷」探索（未出版博碩士論文）。臺北：國立政治大學。

溝口彰子著，黃大旺譯（2016）。BL 進化論：男子愛可以改變世界！日本首席 BL 專家的社會觀察與歷史研究。臺北：麥田。

劉品志（2014）。「腐女」的幻想與望／妄想（未出版博碩士論文）。高雄：國立高雄師範大學。

蔡欣芸（2019）。臺灣耽美劇閱聽眾觀看意圖之研究——以網劇《HIStory》系列為例（未出版博碩士論文）。新北：國立臺灣藝術大學。

蔡芝蘭（2011）。女性幻想國度中的純粹愛情——論臺灣 BL 小說（未出版博碩士論文）。臺北：國立臺灣師範大學。

王佩迪（2019）。抑圧か革命か？同性婚合法化運動に対する台湾の BL ファンコミュニティの反応，在 James Welker（主編），BL が開く扉—変容するアジアのセクシュアリティとジェンダ（217-239）。東京：青土社。

水元（大戸）朋子（2017）。二次創作コミュニティにおけるつながりの実践に関する文化人類学的研究：「愛」の評価をめぐる闘争と調停（未出版博碩士論文）。石川：北陸先端科学技術大学院。

前川直哉（2012）。見られる男性・見る女性」の系譜：絡みあう二次元と三次。ユリイカ特集 BL オン・ザ・ラン！，44(15)，130-144。

大戸朋子、伊藤泰信（2010）。同一嗜好の女子たちをめぐるメディア・表象・実践。九州人類学会報，37，69-87。

大坂瑞貴（2020）。腐女子の社会学：多様な世界観の共存のために。現代行動科学会誌，35，45-53。

東園子（2015）。宝塚・やおい、愛の読み替え：女性とポピュラーカルチャーの社会学。東京：新曜社。

藤本由香里（2020）。少年愛・JUNE／やおい・BL：それぞれの呼称の成立と展開，在堀あきこ・守如子（主編），BL の教科書（1-17）。東京：有斐閣。

堀あきこ（2020）。社会問題化する BL 性表現と性の二重基準，在堀あきこ・守如子（主編），BL の教科書（206-220）。東京：有斐閣。

Chiang, F. (2016). Counterpublic but obedient a case of Taiwan's BL fandom. *Inter-Asia Cultural Studies 17*(2), 223-238.

Fran, M. (2017). Girls who love boys' love: BL as goods to think with in Taiwan (with a revised and updated coda). In M. Lavin, L. Yang, J. J. Zhao(Ed.), *Boys' love, cosplay, and androgynous idols: Queer fan cultures in mainland China, Hong Kong, and Taiwan* (pp.196-219). Hong Kong University Press.

Okabe, D. & Ishida, K. (2012). Making fujoshi identity visible and invisible. In M.Ito, D.Okabe, I.Tsuji(Ed.), *Fandom unbound: Otaku culture in a connected world* (pp.207-224). US: Yale University Press.

Zhang, C. (2016). Loving boys twice as much Chinese women's paradoxical fandom of "boys' love" fiction. *Women's Studies in Communication, 39*(3), 249-267.

# 從博物館漫畫典藏
# 初探 1950-1960 年代臺灣漫畫產業

王佩迪 *

## 摘要

　　臺灣漫畫的發展經歷過許多波折，其中 1967-1987 年間實行「編印連環圖畫輔導辦法」（俗稱漫畫審查制）期間的漫畫因送國立編譯館審查而受到保存，目前收藏於臺北市立圖書館中崙分館，得以有較多相關資料。然審查制實施之前，如 1950-1960 年代臺灣漫畫產業萌芽階段的作品，因時代久遠、史料保存不易，現存史料取得不易。

　　爲增補 1950-1960 年代這段因史料稀少而研究資料不多的臺灣漫畫史，本文利用國內少數藏有早期臺漫史料的國立臺灣歷史博物館（簡稱臺史博），將其收藏之 1950-1960 年代漫畫史料分類爲四種主要類別：(1) 戰鬥文藝漫畫；(2) 兒童雜誌與漫畫雜誌；(3) 畫集及漫畫單行本；以及 (4) 從歐美引進之作品，分別進行整理、分析，並勾勒出當時臺漫產業的具體面貌。研究發現 1950-1960 年代的臺灣漫畫不僅是產業的萌芽期，也是快速成長與激烈競爭的階段，漫畫出版與行銷策略多樣化，不僅受海外作品影響，亦將作品銷售到海外去、。

　　本文亦希望藉由 1950-1960 年代的臺灣漫畫史料去回應、補充臺灣現有的漫畫研究資料，透過文物研究，彰顯以「漫畫」爲主題的博物館，應更加慎重地看待漫畫史料的研究價值。

---

* 國立中央大學通識教育中心兼任助理教授、臺灣 ACG 研究學會常務理事。2019 年擔任「國家漫畫博物館整體規劃案」共同主持人，曾就國家漫畫博物館的典藏策略進行評估與規劃。2021 年 8 月加入臺史博國家漫畫博物館籌備小組直到被解散。E-mail: pwang104@gmail.com。

## 關鍵字

臺灣戰後初期漫畫、臺灣漫畫史、漫畫史料蒐藏、國家漫畫博物館

## Abstract

Taiwanese comic development has experienced many twists and turns in the past. During the period when the "Guidelines for Supervising the Compilation and Printing of Comic Books" (commonly known as the Comic Censorship System) was implemented between 1967 and 1987, comic books were preserved as they were sent to the National Institute for Compilation and Translation for review. These preserved works are currently housed at the Zhonglun Branch of the Taipei Public Library, providing ample research material. However, the landscape of the Taiwanese comic industry before the implementation of the censorship system, specifically in the 1950s and 1960s, when the industry was in its budding phase, is less well-documented due to the difficulty of preserving historical materials from that era.

To supplement the relatively scarce research on Taiwanese comic history from the 1950s and 1960s, this paper will utilize the collection of early comic materials housed at the National Museum of Taiwan History (NMTH), one of the few institutions in Taiwan that holds such materials. The research will focus on identifying works from the 1950s and 1960s and categorizing them into four types of comic publications: (1) battle-themed literary comics; (2) children's magazines and comic magazines; (3) comic collections and standalone comic books; and (4) the introduction of European and American comic works. This study aims to organize these historical materials and present the landscape of the Taiwanese comic industry before the implementation of the comic censorship system.

The research reveals that the 1950s and 1960s were not only the nascent period of Taiwan's comic industry but also a time of rapid growth and intense competition. The diversification of comic publishing and marketing strategies during this period led to distinct styles. They were not only influenced by foreign works but also involved selling works overseas.

This paper seeks to address and supplement the existing body of Taiwanese comic research by eamining the comic materials from the 1950s and 1960s. It also hopes to highlight the importance of the research value of comic materials in museums dedicated to the theme of "comics" through the study of these artifacts.

## Keywords

Early Postwar Taiwanese Comics, Taiwanese Comic History, Comic Material Collection, National Comic Museum

## 一、前言

　　文化部「國家漫畫博物館計畫」於 2017 年啟動，時任總統蔡英文於第 8 屆金漫獎頒獎典禮宣示六大漫畫政策，其中包括「將設立國家漫畫博物館，進行漫畫史料的蒐集，並且透過數位典藏等加值方式，展示和運用這些珍貴的漫畫資產」[01]，為此，文化部於該年辦理「國家漫畫史料及數位典藏資源調查研究（1920-2000 年）」採購案，由承接廠商進行臺灣漫畫史料調查與徵集。國立臺灣歷史博物館（以下簡稱臺史博）則於 2018 年底起暫管上述採購案徵集的漫畫史料，並辦理「漫話臺灣：漫畫資料蒐整與應用計畫」，規劃了兩檔漫畫展覽。接著 2020 年，文化部進一步委託臺史博成立「國家漫畫博物館籌備小組」（以下簡稱漫博組），專責為籌備國漫館而進行漫畫史料的整飭、詮釋，並辦理漫畫推廣行銷活動。

　　臺灣過去缺乏專門的漫畫史料典藏機構，儘管中央或地方圖書館有一些漫畫館藏，但大多是以當代民眾喜愛的日漫為主。較特別的是臺北市立圖書館中崙分館，收藏漫畫審查時期（1966~1987）送審的漫畫[02]，以及大量臺灣漫畫雜誌合訂本。除此之外，若要查找 1966 年之前的漫畫作品，恐怕只能在零星的拍賣網站或少數收藏家手上尋得。由此可見臺灣早期漫畫史料可遇不可求，而在臺中的國家漫畫博物館的典藏功能尚未啟動之前，臺史博是目前收藏臺灣早期漫畫史料最多的館舍之一，雖不能說完整，但應是數量及內容最豐富的。

　　保存漫畫史料的目的，乃為了解臺灣人過去的歷史與文化，完整描繪出臺灣漫畫發展史與庶民生活文化。因此，本文試圖利用早期臺漫史料進行整理與分析，並輔以既有臺漫史研究文獻，為 1950-1960 年代這二十年間的漫畫發展，勾勒出可證實的、更具體的庶民文化面貌。

---

01　總統府新聞。2017/09/12。〈2017 金漫獎暨國際交流活動登場　總統：推動六大政策　支持本土漫畫產業〉，Retrieved from https://www.president.gov.tw/News/21589 on 2024/8/26。

02　這些是漫畫審查時期從各地送到「國立編譯館」審查的漫畫。

## 二、文獻回顧

以臺灣漫畫發展史為主題的論著,2000年以前的研究者主要有李闡與洪德麟兩位(李闡 1997;洪德麟 1999),2000年之後具代表的研究者則以陳仲偉與李衣雲為主(陳仲偉 2014;李衣雲 2012)。其中本身亦為漫畫收藏者的洪德麟,所援引的漫畫史料較多,也因此往後許多研究者皆大量仰賴其記載的漫畫資料,突顯出漫畫史料在詮釋歷史的重要性。

漫畫在臺灣的發展可追溯自百年前的日本殖民時期。日本長久以來即擁有歷史悠久的圖像敘事傳統:從平安時期《鳥獸人物戲畫》及江戶時期鳥羽繪、黃表紙或《北齋漫畫》等圖像敘事傳統(Schodt 1983: 28-37),到幕末、明治時期受西方諷刺漫畫的影響,日本也陸續發行諷刺漫畫刊物,而這些漫畫也隨著日本的殖民統治傳入臺灣,20世紀初發行有《臺灣潑克》或《高砂潑克》等刊物(洪德麟 1999: 55);另一方面,日本的少年少女刊物如《少年俱樂部》、《少女界》、《少女俱樂部》等,最早從1903年就有記載輸入臺灣(李衣雲 2012: 171),這些刊物會刊載許多插畫及故事漫畫作品,後來甚至也有集結成漫畫書的作品,例如在《少年俱樂部》中大受歡迎的連載漫畫《野良黑》(のらくろ)[03]。

戰後初期的臺灣漫畫,則主要以政治漫畫與兒童漫畫為兩大主要類別。李闡(1997)提出了臺灣早期政治漫畫的系譜,其一是在報刊上針砭時事的單幅或連環漫畫,例如《新新》[04]雜誌的漫畫專欄,或是陳定國於1946年《新生報》發表暴露當時糧食缺乏、物價上漲、語文教育等問題的「臺灣新生漫畫」;其二是指所謂「戰鬥文藝」風格的漫畫,即1949年國民政府遷臺後,為了反共目的而推行的文化運動,此類漫畫集中在1950年代的報紙《中央日報》、《新生報》、《中華日報》

---

03 於1966年創辦《王子半月刊》的蔡焜霖先生在回憶錄中,就曾提及小時候看過《野良黑》這部傳達著日本現代化及殖民軍國主義的作品。(蔡焜霖等 2017: 36-37)。
04 《新新》是戰後臺灣發行的重要藝文雜誌,發行期間為1945年11月至1947年01月,日文、中文參雜,文章反映時事,形式包括小說、詩、隨筆、散文、時評、漫畫,其中漫畫專欄有「新高漫畫集團」成員參與,如葉宏甲曾發表〈專賣風那裏吹著〉、〈強盜就縛〉等單幅諷刺漫畫反映當時民生困頓之現況。

及《青年戰士報》等（ibid: 26-28）。

1950年在報紙刊載的漫畫除了政治漫畫之外，還有幽默漫畫或兒童故事漫畫，雖然報紙每日刊載，但篇幅有限，倒不如兒童雜誌上連載的漫畫更受歡迎，例如《學友》、《東方少年》，後來更出現全部都是漫畫的雜誌如《漫畫大王》、《少年之友》等（洪德麟 2003）。而在這些雜誌中的漫畫，除了是由本土漫畫家創作之外，早期仍有許多是直接描抄自日本漫畫或是歐美的連環漫畫（李衣雲 2012: 187-188）。

1960年代的漫畫類別更趨多元，針對該時期漫畫類別的相關研究也更多。其中一些針對臺灣兒童雜誌發展的論文，曾提及雜誌中會連載漫畫，但可惜這些論文主要是以兒童雜誌的特殊意義爲主，漫畫只是附帶一提，並沒有深入研究其漫畫的來源與創作者（林佩縈 2006；吳宜玲 2009；李玉姬 2008）。另還有武俠漫畫研究，針對武俠漫畫在臺灣1950年的崛起與1960年代的多產與特色有著深入的分析（范凱婷 2018）；張玉佩等人所著（2017）《漫．話三傑》則以陳定國、葉宏甲及劉興欽等三位活躍於1950-1960年代臺灣漫畫全盛時期的漫畫家，進行其生平經歷與代表作品的詳細介紹，並指出臺灣漫畫第一個燦爛時光，起自於1955年，結束於1970年。

從這些文獻大致可看出，1950-1960年代，是臺灣漫畫從萌芽到進入第一個黃金時期的重要階段，然由於當時保留下來的漫畫史料稀少，二手研究文獻仍難以完整呈現當時臺灣漫畫產業的面貌，如當時的出版社有甚麼樣的漫畫經營策略？同行間的競爭關係如何？漫畫家與出版社之間的關係又如何等等，因此，本文希冀透過臺史博所藏漫畫史料進行整理分析，佐以既有文獻，重新勾勒出1950-1960年代臺灣漫畫產業的具體面貌。

## 三、研究方法

本文爲博物館漫畫文物研究初探。首先透過對臺史博漫畫收藏的整理與分析，可初步瞭解1950-1960年代臺灣漫畫的出版樣態、

活躍的作者與作品等資訊。由於過去臺灣漫畫史研究常常受限於文獻資料的不足,僅能援引前人的研究資料,因此,博物館典藏可提供更具體的證據來驗證過往研究的正確性,並透過深入研究博物館的館藏,或許可以發現一些新的資訊,為臺灣漫畫史的研究帶來新的視角與貢獻。

臺史博自 2001 年開始籌備、2007 年正式成立至今,累積蒐藏自 17 世紀荷蘭時期起的臺灣史相關史料,包括地圖、書信與檔案,而越近日本時代及戰後當代,則有更多元的史料收藏,包含大量的出版品、宣傳海報或民生用品。屬於常民文化的圖像書籍乃其蒐藏範疇[05],日治時期的圖像紙本如《臺灣日日新報》(內有漫畫刊載),還有戰後初期的租書店漫畫,以及尪仔標、尪仔仙、撲滿、海報、文具等相關週邊。除此之外,儘管目前館藏空間已相當緊繃,臺史博亦蒐藏著不同單位或個人委託暫管的史料文物,在這些暫管文物當中,也有許多重要的漫畫史料,包括文化部為籌備漫博館所徵集的漫畫相關文物,其中 2018 年起暫管「漫畫史料調查案」徵集而來之藏品中有半數為漫畫家手稿、三分之一為 90 年代之後的漫畫單行本及雜誌,僅非常少數為 1970 年代之前的漫畫作品。2019 至 2020 年間臺史博再受文化部委託辦理另一批漫畫資料徵集,其中多數為 1970 年前後黃金時期的漫畫(以武俠漫畫為大宗)及 1980 年前後的盜版漫畫。而至於 2021 年至 2022 年間,臺史博漫博組成立後逐步完備漫畫史料蒐藏政策,然因預算限制,僅能購置少量漫畫資料或接受民眾個別捐贈,早期臺漫史料仍是稀有且得來不易。

上述文化部委託徵集的漫畫史料,基本上遵循原則:「為保存、延續從過去到當代有關臺灣漫畫作家、作品、事件之紀錄,包含臺灣漫畫相關作家、作品、事件等物件,不論其時代、所在地域、作家國籍、創作主題類別、使用語言等,在臺灣漫畫歷史、藝術、產業發展上具有一定之價值,能以各種角度切入呈現臺灣漫畫多元發展面貌

---

05　臺史博的蒐藏政策以蒐藏及保存臺灣歷史與常民生活文化相關之史料及物件為主,參見〈國立臺灣歷史博物館蒐藏政策〉國立臺灣歷史博物館官網,Retrieved from https://collections.nmth.gov.tw/FileAtt.ashx?lang=1&id=1077 on 2024/8/26。

者。」[06] 由於1960年代之前的漫畫文物具珍稀性，且基於保存臺灣漫畫早期紀錄之原則，基本上都會收入為藏品。儘管如此，符合本文研究範圍的史料收藏數量仍不多，因此，本研究並未另外篩選，凡所有1950-1960年代出版類的圖像書籍（含圖畫書、插繪小說、連環圖、報刊或漫畫雜誌等）皆為本文之研究範疇。

因此，將臺史博館藏及暫管之1950-1960年代漫畫相關文物進行整理與分類，並參照過去研究文獻之漫畫類別，本文將以主要四個類別來進行分析與討論：（一）戰鬥文藝漫畫；（二）兒童雜誌與漫畫雜誌；（三）畫集及漫畫單行本，以及（四）歐美漫畫翻印作品。

## 四、研究分析：1950年代-1960年代的漫畫出版情況

### （一）戰鬥文藝漫畫[07]

1949年中華民國政府遷臺後，有感於中共的宣傳造成禍源，因此特別重視文化宣傳。以「反共抗俄」為核心的文化政策，不僅鼓勵透過藝文作品來感化人心，辦理媒體宣傳機構、經營黨政軍報紙，網羅許多隨國民政府來臺的文藝創作者以文藝報國，這些被稱為戰鬥文藝作品（或稱反共文學）。李闡（1997）曾提及，報紙是早期漫畫的搖籃，自1949年中央政府遷臺，漫畫家亦相繼來臺，並在報紙上發表反共政治漫畫，其中最早也具代表性的人物就是梁又銘、梁中銘兄弟，兩人於1949年創辦《圖畫時報》三日刊，後來併入《中央日報》，1950年4月20日起改為《中央日報漫畫半週刊》直到1952年9月29日停刊。曾集結的作者和作品分別有：梁又銘的〈土包子下江南〉、〈莫醫生〉、〈拍案驚奇〉和〈花木蘭〉，梁中銘的〈新西遊記〉、〈黃興傳〉和〈空中六勇士〉，何超塵的〈鄭成功復國記〉以及牛哥的〈解放了的牛伯伯〉和〈牛伯伯打游擊〉等。其他刊載此類漫畫的報紙還有《新生報》、

---

06　引自「文化部漫畫史料購置典藏作業要點」，中華民國106年11月10日文版字第10620437242號函訂定，中華民國111年9月23日文版字第11130251661號函修正。
07　本文礙於期間範圍，並未處理到1940年代報刊（如《新新》雜誌）上針貶時事的單幅或連環漫畫，僅聚焦於1950年之後被認為屬於「戰鬥文藝」之漫畫作品。

《青年戰士報》等（ibid: 27-28）。

　　這些隨國民政府來臺的大陸漫畫家在臺灣漫畫萌芽期也投入了他們的青春，特別是大陸的「連環圖畫」和「漫畫」對臺灣漫畫注入了另一種創作風貌，儘管影響仍不及日本漫畫（洪德麟 1999: 58）。從臺史博漫畫史料典藏中，我們便可以進一步佐證洪的這段描述，特別是大陸的「連環圖畫」創作風格如何反映在戰後初期的戰鬥文藝漫畫中。

　　臺史博收藏之許多戰鬥文藝漫畫，從其格式來看，大多承襲中國上海連環圖的風格[08]，如圖1在方正的畫格內繪以單幅圖片，加上文字圖說，像是說書一樣，有些則會在畫格中加上對話框，正因為每個畫格方方正正，因此在報紙上的排版組合較具彈性。

圖1：連環圖《黑臉賊》。
（2020.033.0565，臺史博館藏，作者自行拍攝）

圖2：《中央日報漫畫半週刊》第74號1951年1月1日第六版。整版可分為 6×4 個方正的畫格。（T2018.002.2952 秋惠文庫所有，臺史博暫管，作者自行拍攝）

---

08　上海連環圖畫在日治時期已傳入臺灣，但日本統治後期皇民化時期則禁止；戰後則重新傳入臺灣，成為臺灣人學習中文的普遍讀本，直到1949年政府遷臺後切斷了上海連環圖的來源（蔡盛琦 2009）。之後臺灣則有在地出版社印製的連環圖，而同樣的漫畫風格亦反映在大陸來臺的漫畫家作品上。

《中央日報漫畫半週刊》每週四、週日發行兩頁全版[09]，其中一版上半部為時事漫畫專欄，多由梁中銘主筆之單幅或連環漫畫，或有外國漫畫、漫畫漫話、新聞報導，下半部則是一篇長篇連載漫畫；另一版則連載三篇長篇作品，全版以 6 列 ×4 欄的畫格數計，有時候三篇皆為 2 列 ×4 欄，有時候是 3 列 ×2 欄有兩篇，第三篇為 3 列 ×4 欄。如圖 2，這樣的作法在排版上可說是相當彈性，之後中央日報社將這些漫畫集結成冊，便可順應單行本的開本大小來排列畫格順序。例如《土包子下江南》在報刊上是以兩則 3 列 ×2 欄的畫格排列，集結成單行本之後則是以 2 列 ×2 欄為一頁的方式排版（如圖 3）。

圖 3：梁又銘編繪。1953。《土包子下江南 6》，中央日報社編印。
（2020.033.0251，臺史博館藏，作者自行拍攝）

　　除了《土包子下江南》之外，其他作品也有被收編出版為單行本。戰鬥文藝類的出版品大都是由中央機關或官方色彩濃厚的出版社發行。從臺史博所藏「戰鬥文藝」漫畫作品的整理表格（表 1）可看出，中央日報社就是一個重要的出版社代表，另外還有改造出版社、新中國文化出版社、中華日報社等。而將這些單行本作品的圖文呈現方式做整理亦可以發現，除了牛哥的《老油條畫傳》，其他作品與其說是漫畫，其實更接近連環圖畫、插繪小說或繪本，一頁可能有四格方正的畫格，或是一頁一張畫格；此外也有一頁為插圖，另一頁是小說般的文字描述。

---

09　1950 年 12 月 3 日第 66 號之後改為僅剩一頁，全版連載三篇漫畫作品。

表1：臺史博收藏「戰鬥文藝」類型作品整理

| 書名（索引號） | 作者 | 出版社／發行 | 圖文形式 | 出版日期 |
|---|---|---|---|---|
| 《土包子下江南》(2020.033.0251) | 梁又銘編繪 | 中央日報社 | 印有漫畫小叢書字樣。一頁有四格畫格。有對話框。 | 1953年12月 |
| 《愛國女青年洪月嬌》(2020.033.0257) | 梁又銘編繪 | 中國國民黨中央委員會婦女工作會印行 | 一頁一張圖片與圖框外的文字描述。 | 1954年5月 |
| 《俄帝侵華史畫》(2020.033.0255) | 梁又銘繪 | 新中國文化出版社 | 一頁一畫格，內有圖加手寫文字描述圖片，跟上海連環圖一樣。畫格外還有幾行印刷字說明故事背景。 | 1955年12月 |
| 《革命偉人畫傳》(2020.033.0252) | 梁又銘繪 |  | 一頁四張圖，圖說文字置於圖框外的左邊或右邊。 |  |
| 《不平凡的遭遇》(2020.033.0253) | 文：陳梅隱 畫：梁又銘 | 改造出版社 | 右頁為小說文字、左頁為插圖。最後一頁附上〈反攻大陸去〉歌譜。蓋有「中國國民黨中央委員會第四組贈閱」印章。 | 1958年5月 |
| 《當家的人》(2020.033.0254) | 文：陳梅隱 畫：梁又銘 | 改造出版社 | 右頁為小說、左頁為彩色插圖。 | 1958年 |
| 《孤兒小由》(2020.033.0256) | 梁又銘繪 | 中央日報社印行 | 一頁6張圖，圖說文字置於圖框外下方。 | 1959年2月 |
| 《王建國漢陽反共起義》(2020.033.0260) | 夏緯圖繪 | 改造出版社 | 副標註明「連環圖畫」。一頁一張圖片，圖說文字置於圖框外右邊。封底蓋有「中國國民黨中央委員會第四組贈閱」印章。 | 1960年6月 |
| 《中華民國革命大畫史》(B2021.001.0402) | 梁中銘編繪 張仁澤發行 | 新中國文化出版社 | 紅皮精裝本。右頁為文字描述，左頁為精緻插圖。 | 1962年4月 |

| 《蔣總統勳業畫傳》(2020.033.0259) | | 中華日報社 | 一頁四張圖，圖說文字置於圖框外的左邊或右邊。 | 1966年 |
| 《總統指示生活規範圖解》(2020.033.0258) | 梁中銘繪 | 中央日報社 | 一頁一張圖，圖框旁有文字說明生活規範。 | 1968年5月 |
| 《老油條畫傳》(M2019.001.1554) | 牛哥畫 | 雙子星出版社出版 | 一頁共15個畫格(有對話框)，5(欄)×3(列)，由右往左閱讀。 | 1969年 |

作者自製

　　表1所列作品僅是當時政治漫畫出版的一小部分而已，過往文獻中曾提及的作者和報刊，仍有許多尚未收藏，例如李闡曾提及的國防部總政治部創辦的《戰友週報》（後改為《青年戰士報》，《青年日報》前身），以及網羅最多漫畫作者的刊物《中國勞工》等（李闡 1997: 28），都仍待進一步蒐集與研究。

(二) 兒童雜誌及漫畫雜誌

　　1950年代除了配合政府「反共抗俄」意念的政宣漫畫之外，兒童雜誌中的故事漫畫也越來越受注目，既有研究資料就曾統計過，1950年代在臺灣創刊的兒童雜誌就有多達19至24部[10]。這些雜誌可區分為官辦與民營出版社兩種性質：由臺中市政府教育科創刊的《臺灣兒童》，或是在臺灣省政府教育廳指示為配合教育政策而創刊的《小學生》及《小學生畫刊》，可歸為官辦的兒童刊物；而民營的《學友》（1953年創刊）和《東方少年》（1954年創刊）則是擁有更多元的內容，其中連載的故事漫畫更是吸引小讀者們的喜愛。相較於官方兒童雜誌受限於教育政策與政令宣導，民間出版的兒童雜誌保有多樣化並順應市場需求的彈性，因此當漫畫的閱讀需求大量增加時，民間出版社紛紛出版漫畫專門誌（李玉姬 2008: 57；吳宜玲 2009: 136）。然較少被

---

10　林佩蓉（2006: 附錄二）條列了22部1950年代創刊的兒童雜誌；李玉姬（2008: 附錄二）則條列24部；吳宜玲（2009: 表三-2）則有24部雜誌，其中5部為香港出版作品。

注意到的是，民間出版社的雜誌發行除了能以內容取勝之外，出版社還採取了共同行銷策略並拓展海外經銷。

50年代後半兒童雜誌的出版快速發展，光是在1958年和1959年創刊的就有15部[11]，這15部雜誌包括：《快樂少年》、《漫畫大王》、《現代少年》、《綜合漫畫》、《兒童文摘》、《漫畫天地》、《今日兒童週刊》、《寶島兒童文庫》、《寶島小朋友讀物》、《學伴》、《寶島小朋友讀物》、《少年世界》、《臺灣漫畫週刊》、《正聲兒童》以及《模範少年》，這些多為週刊或旬刊，且幾乎都是漫畫雜誌。然雜誌出版得快且多，卻也常常莫名就停刊，當時出版狀況混亂，出版社或發行人可能同時出版多部雜誌，出版社名稱或刊名也常換來換去，停刊日期多難以考證。

進入1960年之後，的確有許多雜誌紛紛消失，不過1960年代前半仍有特定幾家出版社的漫畫雜誌活躍，同一出版社除了同時發行多部雜誌之外，甚至還有海外經銷據點。可見當時臺灣漫畫不僅在國內，亦遍及東南亞、東北亞及美國等國，受到許多海外華人喜愛。

以「模範少年雜誌社」為例，該社最著名作品為陳海虹1959年在《模範少年》上連載的〈小俠龍捲風〉，與當時《漫畫大王》上連載〈諸葛四郎〉系列的葉宏甲，兩人並稱為臺灣武俠漫畫的先驅。從本研究史料可知，模範少年雜誌社出版雜誌包括《模範少年》、《人文》及《少年之友》，發行人皆為黃左賢。如《人文》第67期封底廣告及版權頁所示（如圖4），上半印有「中華民國少年刊物權威／模範少年（每逢星期三出版）／人文（每星期日出版）／少年之友（每逢星期五出版）／每期空運遍銷東南亞到處轟動」，中排則列有「青年周刊」可供贈送。其中除了《青年周刊》無資料可查證之外，其他皆為漫畫雜誌。《人文》連載作品之一〈仇斷大別山〉即是1960年代武俠漫畫大師游龍輝的17歲的成名代表作（圖5），而根據游龍輝口述，其16歲的出道作〈滄桑淚〉則是在《少年之友》連載[12]。雖然無法確切得知《人文》與《少年之

---

11　根據林佩縈（2006: 附錄二）整理自《中華民國臺灣地區兒童期刊目錄彙編》，頁37~52。

12　有趣的是，游龍輝是向陳海虹拜師的弟子，因此推測游龍輝或許正是因師父的關係，得以透過模範少年雜誌社期下的漫畫雜誌出道。

友》的起訖日期,但根據臺史博收藏的期數和雜誌出刊頻率推算[13],《少年之友》應與《模範少年》晚幾個月創刊(介於 1959 至 1960 年間),《人文》則約 1962 年左右創刊。

圖 4:《人文》第 67 期,1964 年 2 月出版。書底廣告及版權頁。
(M2019.002.0022,文化部所有,臺史博暫管,作者自行拍攝)

圖 5:《人文》第 67 期內容有游龍輝所連載的〈仇斷大別山〉第 66 回。
(圖片來源:同圖 4)

此外,從圖 4 亦可得知,該出版社在香港、越南、韓國皆設有總代理或分銷處,而海外版的定價分別有日幣、美金、港幣與菲幣四種不同貨幣價值。這些雜誌若如廣告標語,則讀者可能遍及東南亞、東北亞,甚至在美國也有讀者。另一個海外經銷的例子還有《中國兒童夏季增刊》第 4 期,在其封底廣告頁面上印有「空運遍銷海外僑居地區/海外總經銷處/越南時代書局」等字眼。

至於在封底廣告一併宣傳其他雜誌的行銷策略還有其他出版社,如藝明出版社在《時代畫刊》第 27 期中同時廣告有三部雜誌《時代少年》(原《時代週刊》)每星期三出版、《時代畫刊》每星期六出版、《時代文苑》每星期日出版,並同時宣傳單行本;此外,《康樂》、《中國兒童》

---

13 臺史博所收藏的期刊則皆為 1964 年所出版:1 月(模範少年第 234 期)、2 月(人文第 67 期)、7 月(少年之友第 213 期),三者皆為週刊。

與《現代少年》,《現代少年》與《學生之友》都曾在廣告頁中合併出現過,儘管出版社名稱不一定相同。[14]

綜整既有文獻與本研究史料可知,1958-1959 年間許多漫畫雜誌紛紛創刊,但也有不少漫畫很快地消失,儘管如此,到了 1960 年代前半仍有一些具規模的漫畫雜誌出版社,可以同時經營數本不同漫畫雜誌並合併宣傳,甚至當時臺灣漫畫的市場熱絡到已經有許多海外地區的代理。這些漫畫雜誌與當時因應大量漫畫閱讀需求而出現的單行本,共同撐起臺漫的「第一個黃金時期」。

## (三) 從插繪小說、漫畫小冊到面向租書店的單行本

單行本在此指的是單獨出版成冊的書籍,與定期出刊有連載性質的雜誌有所區別。在 1950 年代後期因出版《漫畫大王》而知名的大華文化社,除了雜誌之外,還有發行大量的插繪小說和漫畫單行本。

首先,大華文化社於 1955 年到 1956 年間出版了大量「畫集」系列,邀請小說家寫故事,並請漫畫家繪製插圖。如圖 6《畫集三國志》乃邀請在日治時期即相當著名的通俗小說家吳漫沙著作,並由新高漫畫集團的葉宏甲繪製插畫。大華文化社所出版的「畫集」系列作品已知有《畫集西遊記》、《畫集三國志》、《畫集火燒紅蓮寺》、《畫集臺灣四大俠》、《畫集七俠五義》、《畫集水滸傳》《畫集陳靖姑》及《畫集濟公傳》,小說編著者有吳漫沙、墨文、瑋文,而繪圖多為葉宏甲所畫。這類畫集的內頁(如圖 7)格式通常是一頁的文字故事中,會穿插著一幅無框的插畫,文字偶爾會附上注音,可作為國語學習的讀本。這些插畫並沒有方正的畫框,文字是依照圖片的外緣緊密貼合,與上海連環圖或「戰鬥文藝」作品的形式對照,是完全不一樣的風格,這樣的排版方式從何影響而來則仍有待進一步考證。

---

14 《康樂》為南華出版社出版,《現代少年》為現代少年雜誌社出版或現代少年週刊社出版。同一部雜誌的出版社名前後不一致的情況,在當時的漫畫出版中頗為常見。

圖 6：吳漫沙文／葉宏甲畫《畫集三國志 11：劉備招親》，大華文化出版社，1956年出版。（2020.033.0158，臺史博館藏，作者自行拍攝）

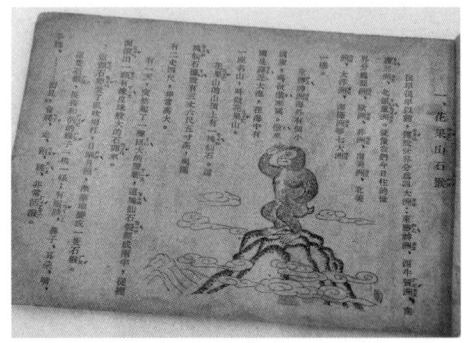

圖 7：編者墨文／繪者葉宏甲，《畫集西遊記 1：孫悟空出世》，大華文化社，1955 年 4 月 10 日發行。插繪小說內頁文字偶有附上注音，且文字會隨著插圖邊緣編排。（2020.033.0160，臺史博館藏，作者自行拍攝）

圖 8：封底的有獎徵答專欄。（圖片來源：同圖 7）

大華文化社出版也會在「畫集」後面以專欄方式與讀者進行互動，例如「大懸賞（有獎徵答）」（圖8）：前一集提出問題，讀者以明信片回答，答對者進行抽獎，於下一集揭曉答案與得獎名單。此外還有「讀者之聲」和「編者的話」等專欄，可見出版社已熟悉經營讀者社群的策略。此外，在畫集的後面幾頁還會廣告同為大華文化社出品的漫畫書，依其排列順序，大致可以得知其出版的漫畫類別及內容包含：臺灣民間故事、神話故事、黑白蛇、包公案、王哥柳哥漫遊記、西洋童話故事等等。可惜目錄並未列出作者，僅能再從大華文化社出版的其他單行本來探究作者的來歷，目前可知的是民間故事作者有陳定國，而其他作者則未有史料，難以考察。

　　接著，1957-1958年間，葉宏甲在大華文化社出版26集完結的《現代孫悟空》，是將西遊記的故事改編並加入許多現代元素的奇幻作品，另外還有《少年劍俠－諸葛四郎》，應是葉宏甲在《漫畫大王》連載諸葛四郎的前身。[15]

　　從上述可知，早在《漫畫大王》之前，大華文化社早已出版了許多畫集、漫畫單行本，以及大眾通俗小說，不過當時所知的漫畫單行本開本較小、頁數較少，約20-30頁左右；此外雜誌方面也有《漫畫王》、《漫畫天地》等這些曾經出現作品廣告頁上的雜誌名稱，不過這些雜誌尚未被收藏，因此未能更充分了解這些早期雜誌所連載的內容以及頁數、開本。

　　此外，綜觀1950-1960年代臺灣漫畫雜誌及單行本發行的樣貌，會發現漫畫家並不固定只與某一家出版社合作，而是會同時到處發表作品，越知名的漫畫家可能同時於數家出版社創作，或在不同雜誌上連載作品。當然抄襲的事件層出不窮，例如葉宏甲的作品就常被盜版，被抄襲後被冠上不同的作者名，故事也亂編一通，例如故意用看起來很像葉宏甲的「葉它申」署名（圖9）；也有明明畫風就是抄襲諸葛四郎和真平兩主角，但不僅故意換了名字，關係還變成兄弟，反派則一樣是使用戴著特殊設計的蒙面角色（圖10）。

---

15　《現代孫悟空》及《少年劍俠－諸葛四郎》為作者葉宏甲長子葉佳龍先生所收藏，2023年底簽署捐贈意向書，將其收藏捐贈給文化部作為未來國家漫畫博物館之收藏。

圖9：現代少年雜誌社《現代少年》新9期（1963）葉它申〈明珠寶劍〉（2020.033.0364，臺史博館藏，作者自行拍攝）

圖10：國際雜誌社《學習週刊》第2期（1963.1.29）（2020.033.0377，臺史博館藏，作者自行拍攝）

　　同樣常遭抄襲的還有60年代知名的武俠漫畫家游龍輝，其本身有與許多出版社合作的經驗[16]，也因當時享有盛名，出現了出版社盜用他名字的現象。游龍輝在口述訪談[17]中曾提及，目前在中崙圖書館或臺史博的漫畫收藏裡，以他為作者的作品中，有些根本不是他畫的，而是被冒名頂替。由此可見，當時漫畫出版相當有利可圖，在競爭激烈的狀況下，出現了魚目混珠、抄襲、冒名等各種亂象。

　　隨著漫畫雜誌盛行，1950年代到1960年代各家出版社漫畫單行本的發行量亦相當大。直到1967年「漫畫審查制」正式施行前，漫畫出版社已知有：模範少年雜誌社、藝明出版社、南華出版社、大華文化社、少年雜誌社、寶石出版社、環島出版社、黎明出版社、文苗書局、沙龍出版社，以及文昌出版社等。這時期出版的漫畫單行本會因出版社不同而有比較大的差異，有些作品的文字甚至不是印刷字

---

16　游龍輝曾擔任勿忘在莒出版社副社長、《新少年》顧問、太子出版社總編輯、志明出版社指導員，作品更是在許多出版社發行過（洪德麟 1999: 98）。

17　臺史博漫博組「109-110年臺灣漫畫產業口述史拍攝計畫」成果，游龍輝 2020.9.16 訪談記錄。

體,而是手寫;至於頁數,1958 年之後出版的漫畫單行本,不再只有薄薄一冊,頁數幾乎達 100 頁以上;至於出版頻率,在進入 1960 年代後,由於租書攤的需求增加,出版社以快速出版來投餵漫畫讀者。知名如文昌出版社推出「一日一書」策略,提出每週每日都會有不同作品連番推出最新集,過去僅能從文獻中得知「一日一書」的出版策略,但從臺史博的收藏中,如圖 11,可尋得「一日一書」之證據。

圖 11:南華出版社發行《海魔王》封底廣告:「文昌八大長篇漫畫」,從週一到週日,一週內每天都會有一部作品發行,共七部作品,第八部為近日出版預告。(T2018.002.3530,秋惠文庫所有,臺史博暫管,作者自行拍攝)

(四)來自歐美的漫畫作品

　　無論是日本殖民時期還是戰後,臺灣漫畫一直都受日本漫畫的影響,不過,歐美漫畫也曾一度在戰後初期受到出版社的青睞,翻印了許多世界文學名著漫畫。這些歐美漫畫作品從何而來呢?是從日本的世界名著文學(漫畫)再轉譯進入臺灣?抑或是出版社直接從歐美取得、描抄並翻譯而來?這些答案尚需有更多資料的考察,但本小節仍希望先針對這批過去較少受關注的「歐美漫畫作品」進行整理,試圖初步了解當時臺灣出版這些漫畫的背景。

　　1950 年初期,臺灣已經有大量世界名著漫畫作品的出版,這些改編成漫畫的世界名著或童話故事,推測皆轉印自國外的漫畫並加以翻譯。有趣的是,這些漫畫作品都是以「圖畫書」名稱標示,從永新書局(或後來改為文化書店出版)的「世界名著圖畫故事叢書」,到兒童

圖畫社的「兒童圖畫故事叢書」，這些作品形式上就是連續性畫格敘事的漫畫書，然而這些出版社卻都以「圖畫故事書」為名稱，令人好奇當時不以「漫畫」為名，其背後的原因或脈絡究竟為何？

關於這些叢書的內容與主題，首先從 1952 年永新書局出版的《木偶奇遇記》內頁廣告可知（圖 12），「世界名著圖畫故事叢書」已經出版：《三劍客》、《雙城記》、《木偶奇遇記》、《小人國遊記》；即將出版：《金銀島》、《天方夜譚》、《科學怪人》及《愛麗絲夢遊仙境》。從漫畫的畫風可確認《木偶奇遇記》是取自 1939 年 Walt Disney 的《Pinocchio》漫畫作品，同時也是在 1940 年迪士尼上映的第二部長篇同名動畫。此外，《木偶奇遇記》為右翻書，其他所知的「世界名著圖畫故事叢書」皆為左翻。

圖 12：永新書局《木偶奇遇記》，1952 出版。（B2021.001.0368，文化部所有，作者自行拍攝）

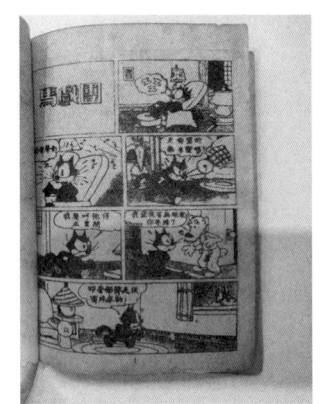

圖 13：兒童圖畫社出版《馬戲團》，1953 出版（M2019.002.0010，文化部所有，作者自行拍攝）

其次，1953 年兒童圖畫社亦出版了一系列左翻漫畫「兒童圖畫故事叢書」，其中包括《馬戲團》（圖 13），頁數共 20 頁（包括封皮），僅封面為彩色，如圖 13 所示。《馬戲團》其實就是在 20 世紀初受到歡迎的動畫角色《菲力貓（Felix the Cat）》。[18]

---
18　菲力貓首次出現在 1919 年動畫短片《Feline Follies》，是迪士尼動畫明星出現之前，最受歡迎的動畫角色，不僅出現於動畫，也有漫畫、音樂，以及各種周邊衍生商品。

這類世界名著或兒童「圖畫故事叢書」一直到1953年為止，出版社累積的作品就至少多達90套（如圖14所示），試將這些作品分類，包括：《三劍客》、《雙城記》、《悲慘世界》等世界名著，也有《白雪公主》、《木偶奇遇記》、《仙履奇緣》或《小飛俠》等童話故事。而這些作品都沒有註明作者，推測應是直接取自迪士尼或其他歐美的漫畫作品，不過其取得來源是否跟臺灣許多早期兒童文學一樣，直接取自日本兒童叢書的翻譯呢？如前所述，這仍待進一步的查證。

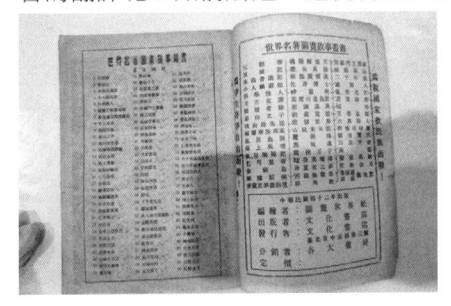

圖14：文化書店出版、圖畫世界社編繪之《續三劍客》，1953年出版。內野出版資訊和廣告頁提供了更多叢書的訊息。（M2019.002.0005，文化部所有，作者自行拍攝）

除了出版圖畫故事單行本之外，在前述1950年代初期兒童雜誌中，也偶爾會有零星的歐美漫畫刊載。例如1954年《東方少年》第41期中出現了一則漫畫是丁德風譯的〈黑島探險記〉（圖15），這作品事實上就是比利時漫畫家Herge的《丁丁歷險記》，該篇正是系列作品中的第七部作品《黑島》。只不過，對照原著的畫格之後發現〈黑島探險記〉不僅是重新描抄過、內容可能有一些調整之外，畫格也有刪減和挪移，目的應該就是為了配合雜誌的篇幅。這樣的作法與1960、1970年代描抄海外作品的漫畫單行本如出一轍，可見這做法是從1950年代就已發明的做法了。

圖15：丁德風譯〈黑島探險記〉，《東方少年》第41期兒童節特刊號，頁12。1954年（T2018.002.3527，秋惠文庫所有，臺史博暫管，作者自行拍攝）

到了 1950 年代後期，世界名著作品也出現在寶石出版社的「寶石名著漫畫文庫」（圖 16），作品包括《孤女奮鬥記》（1958）、《長腿爸爸》（1958）、《尋母三千里》（1958）、《神秘的花園》（1958）等，這套漫畫文庫的品質較 1950 年代初期的圖畫書更加精美，部分頁面為彩色印刷，作品前面還有目錄，或是故事解說、作者介紹等專欄，頁數則達 100 頁以上。這與前述單行本頁數變化的時間點是相符的，在 1958 年之前，永新書局和兒童圖畫社出版的這些世界名著圖畫故事書，每本頁數皆為 20 頁左右，而 1958 年寶石出版社的這套漫畫文庫頁數皆達百頁以上，也可以看出單行本色彩、內容品質上的進步。

同樣出版精緻印刷的還有文苗書局「世界名著長篇漫畫」（圖17），跟寶石出版社似乎也有互別苗頭的意味，甚至在書中內頁強調自家作品的「九大優點」，包括強調文句通順、校對負責、具教育意義、裝訂精美、彩頁多等等特色。可以見得當時的漫畫出版社之間有著明顯的競爭關係。

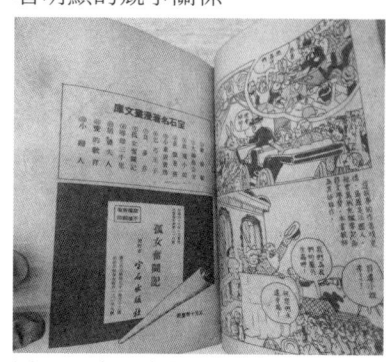

圖 16：寶石出版社《孤女奮鬥記》，1958.01。書後廣告與版權資訊頁。（2013.013.0045，臺史博館藏，作者自行拍攝）

圖 17：文苗書局《哈克冒險記》，1958.05。（2013.013.0042，臺史博館藏，作者自行拍攝）

到了 1960 年代，臺灣的漫畫單行本因應需求而大量出版，不過大多都是本土漫畫家的原創作品或描抄自日本漫畫，較少看到歐美漫畫作品。其中有兩件與迪士尼作品相關，分別是金氏出版社的《玩具

國故事書》（圖 18），1962 年 4 月出版，作者直接寫「卡通大師華特狄斯耐巨著」[19]；以及模範出版社出版的《淘氣三小鴨》（圖 19），從封面可知同樣是迪士尼旗下的角色唐老鴨和其家族的三隻小鴨。除此之外，歐美漫畫在臺灣的出版，還可以在《國語日報》或《中央日報》上看到，如《小亨利》、《淘氣阿丹》或《白朗黛》等（王佩迪 2022）。

圖 18：卡通大師華特狄斯耐巨著《玩具國故事書》，金氏出版社，1962.04。（P2022-001.005，文化部所有，作者自行拍攝）

圖 19：《淘氣三小鴨》全集 模範出版社 1966（M2019.001.3322，文化部所有，作者自行拍攝）

## 五、小結

本文從漫畫史料的整理分析，試圖呈現出 1950-1960 年代臺灣漫畫出版的狀況。歸納以下幾點發現：

（1）戰鬥文藝漫畫：這時期《中央日報漫畫半週刊》及個別出版單行本的「反共抗俄」政治漫畫，格式的組成多承襲了中國連環圖的作法，於方正畫格內的繪圖中加上圖說文字，文字對話或說明內容偏多，單行本則更明顯以一頁一張圖和圖說的形式呈現居多，有些則是

---

[19] 華特狄斯耐，是 Walt Disney 早期的翻譯，現普遍翻譯為華特迪士尼，是 Walt Disney's 公司的創始人之一。Walt Disney 和其兄 Roy Oliver Disney 於 1923 年共同創辦迪士尼兄弟工作室，後來改名華特迪士尼工作室，於 1928 年創生了米老鼠，唐老鴨則於 1934 年首次出現。

將文字說明直接置於圖框外,更像是插繪小說。

(2) 1950-1960 年代的兒童與漫畫雜誌:1958、1959 年間,漫畫專門誌的發行明顯地大量出現,但也很快地停刊,出版狀況相當混亂。進入 1960 年代初期,漫畫雜誌並未馬上進入衰退,而仍大量活躍。從漫畫雜誌《人文》的版權頁資訊來看,出版社不僅同時出版《模範少年》、《人文》、《少年之友》三份漫畫週刊,還銷售到香港、越南、韓國,並列出美金、港幣、菲幣、日幣等價格。不僅遍銷東南亞,還有東北亞的日、韓,甚至推測也可能在美國的華人社群圈銷售。

(3) 漫畫單行本:從大華文化社的例子來看,畫集或漫畫單行本在 1958 年之前是薄薄的,只有約 20-30 頁,其中大量的「畫集」是由小說家撰寫文字,由漫畫家繪製插畫的插繪小說叢書。直到 1958 年之後,漫畫單行本才多為 100 頁以上的規格,而 1960 年之後的漫畫更是供不應求,不同出版社紛紛跟知名漫畫家邀稿,甚至直接盜名、抄襲或仿知名漫畫家的風格作畫。文昌出版社更是出現「一日一書」,刊登從週一到週日,每天都會有一部作品發行。

(4) 來自歐美的漫畫:1950 年代初期,許多左翻的歐美漫畫以「圖畫故事」的名稱被臺灣的出版社引進,特別以迪士尼的動畫或漫畫作品最受歡迎,更早的作品還有《菲力貓》。1950 年代後期這些漫畫則以「世界名著漫畫」的名義被強調,印刷精美、彩頁增加,被認為是具教育意涵有意義的漫畫。不過這些歐美漫畫究竟是從何而來,如何影響到臺灣的讀者們,或者是否有影響到早期臺灣漫畫家們的創作風格?這些問題都待更進一步的研究。

## 六、研究限制與展望

本文希望以臺史博現有的漫畫史料去回應、補充臺灣的漫畫研究資料,試圖更完整描繪出臺灣 1950-1960 年代間的漫畫史。不過也可以發現,目前無論是臺史博、北市圖中崙分館,或是文化部籌備之國家漫畫博物館收藏,漫畫史料仍相當不足。舉例而言,早期漫畫雜誌的不完整,讓研究者較難清楚地查證早期臺灣漫畫家的出道、成

名以及畫風轉變等創作軌跡。出版社的漫畫行銷策略以及與其他社會各界的互動,也僅能從雜誌專欄或廣告頁面片段地去了解。

　　本文以臺灣 1950-1960 年代的漫畫出版爲研究範圍,然由於年代較久遠,欲查證資料會有更多限制;再加上類別廣泛,本文分四種類別進行概括整理及分析,事實上這些類別還可以個別延伸出不同的研究方向,例如漫畫如何作爲兒童閱讀媒介、以題材內容與風格之關係進行探討、市場發展與出版策略等。甚至未來若有機會,可針對日治時期或同時期日本的漫畫(特別是諷刺漫畫及兒童漫畫)進行考察,以了解日本漫畫對臺灣早期漫畫萌芽的影響。

## 參考文獻

Schodt, Frederik L., (1983). *Manga! Manga! : the world of Japanese comics*, Tokyo; New York: Kodansha International.

王佩迪（2022/12/15）。銘刻於基因中的幽默諷刺──報紙連環漫畫。https://www.creative-comic.tw/zh/special_topics/398 on 2024/08/30。

吳宜玲（2009）。由《東方少年》月刊論五〇年代臺灣的兒童文化（未出版博碩士論文）。臺南：國立臺南大學。

李玉姬（2008）。臺灣兒童雜誌〈東方少年〉(1954~1961) 之研究（未出版博碩士論文）。臺北：國立臺北教育大學。

李衣雲（2012）。變形、象徵與符號化的系譜：漫畫的文化研究。新北市：稻鄉。

李闡（1997）。早期臺灣漫畫發展概況。文訊，135。

林佩蓉（2006）。一九五〇年代臺灣兒童期刊發展之研究──以《學友》及《東方少年》為例（未出版博碩士論文）。臺北：國立臺北教育大學。

洪德麟（1999）。風城臺灣漫畫 50 年。新竹：竹市文化。

洪德麟（2003）。臺灣漫畫閱覽。臺北：玉山社。

陳仲偉（2014）。臺灣漫畫記。臺北：杜葳。

張玉佩等（2017）。漫・話三傑。新竹：國立陽明交通大學出版社。

張世瑛（2011）。1950 年代臺灣政治漫畫初探。臺灣文獻，62（2），367-369。

范凱婷（2018）。借鏡與新變──論臺灣武俠漫畫歷史發展及其文化意涵之研究（未出版博碩士論文）。新北：淡江大學。

新新月報社（1945[1995]）。新新月刊，傳文出版社覆刻出版，原出版年 1945 年 11 月。

蔡焜霖、薛化元、游淑如（2017）。逆風行走的人生：蔡焜霖口述生命史。臺北：玉山社。

蔡盛琦（2009）。臺灣流行閱讀的上海連環圖畫（1945-1949）。國家圖書館館刊，98（1）。

國立臺灣歷史博物館（2021）。109-110 年臺灣漫畫產業口述史拍攝計畫─成果報告書，飛魚創意股份有限公司承攬，2021 年結案（未出版）。

# 現代日本漫畫展示的「少年像」：
# 以《我的英雄學院》為例

吳奕勳 *

## 摘要

　　日本漫畫研究者清水勳的《漫畫的歷史》中指出，日本少年漫畫是以消費受眾年齡和性別為分類方式的漫畫類型，其內容多元，大多是以「少年」作為故事主角。首先筆者會先借用約翰・卡韋爾蒂（John G. Cawelti）所述的文本之「類型公式」概念，將少年漫畫視為一種文本類型，探討《少年週刊 Jump》諸作品底下主角的「成長套路」，也就是該週刊獨有的少年漫畫之「類型公式」；並以艾瑞克森（Erik Erikson）的社會心理學發展理論自我認同（identity）之概念，去解析戰後日本「少年」概念之社會建構的發展概況。透過前述的解析，吾人可知大眾媒體展現出的「少年像」，會著時代不同而有所差異。

　　本文從「文本」的角度出發，也就是將漫畫的劇情內容轉譯成文字描述，解析《我的英雄學院》中的主要角色之成長歷程。結果發現：在這幾個例子當中，可充分顯示重要他人（significant other）對孩子身心發展之影響力。倘若父母用心呵護，則孩子的人格將得到健全發展；反之，假若父母採用暴力、冷落、責罵等方式，孩子的性格極有可能變得扭曲。《我的英雄學院》的超能力「個性」之設定，不只牽涉到裡面角色個人的自我認同，也擴及到社會認同（social identity），反映的是「個性」與裡面青少年角色的成長息息相關。

## 關鍵字

　　少年漫畫、自我認同、少年成長、《我的英雄學院》

---

* 國立政治大學日本研究學位學程碩士生 。致謝：感謝 ACG 研討會當天評論人蕭旭智老師的建議與指正，以及匿名評論人、主編的修改意見，使這篇文章得以補足不足之處。同時，在撰寫相關題目的畢業論文過程中，也感謝師長們與同學的建議，不僅協助釐清研究框架與細節，亦幫助我發現並修正論文中的盲點。

## Abstract

This article will use the famous shonen manga "My Hero Academia"as an example to analyze the main characters from the perspective of "self-identity".It will be found that in these examples, the influence of "significant others" on the physical and mental development of children is fully demonstrated. If parents care for their children with dedication, the children's personalities will develop healthily. Conversely, if parents use violence, neglect, or scolding, the children's personalities are likely to become distorted.

## Keywords

shonen manga,identity, adolescent growth,"My Hero Academia"

## 一、緒論

「漫畫」是日本重要的文化藝術之一，其特色是「簡略與變形」的作畫手法（李衣雲，2012）；從大眾文化史的觀點來說，這樣的畫法發展歷史悠久，最早可追溯至古代的「戲畫」。爾後，又發展成「狂畫」、「略畫」、「諷刺畫」等不同類型的藝術作品。大約在明治時代，「漫畫」一詞才頻繁被大眾所使用，並在各類報刊雜誌上出現漫畫的雛型──一頁由數格畫格組成，一篇由數頁所組成的畫作故事。戰後，漫畫巨擘手塚治虫模仿美國迪士尼的畫作手法，創作《新寶島》、《森林大帝》等許多膾炙人口的作品，之後再將自己的作品改編成動畫，除了在日本國內獲得好評外，也逐漸揚名國際，為現代日本漫畫產業打下良好基礎。（田孝宏、浅岡靖央，2016）

根據清水勳（1999）的整理，日本漫畫的種類繁多，比如：兒童漫畫、少年漫畫、少女漫畫等以受眾年齡或性別為分類方式的漫畫，大多在明治至昭和時代就已登場；而到了1950年代，漫畫雜誌如雨後春筍般地出現，促成日本戰後的漫畫風潮；在1960年代更是明確分類出少年漫畫、少女漫畫的週刊雜誌，間接證明漫畫已頗受大眾青睞。「少年漫畫」可指「專門給七歲至十五歲的青少年所看的漫畫」，故事題材多聚焦於少年的成長、朋友之間的合作或者競爭等內容。但實際上，少年漫畫讀者的年齡層不一定僅在此限，內容題材也相當多元。因此，前述少年漫畫的定義並非絕對，而只是一種傾向。

約翰·卡韋爾蒂（John G. Cawelti）曾以冒險小說（Cawelti 1976）為例，說明某種文學類型會具備特定的公式（日語：「定型」），也就是文章的慣用架構或者故事劇情展開的既定模式。日本知名漫畫週刊《少年週刊Jump》出刊的作品劇情，也存在著固定展開的模式。主要特色如下：第一、主角通常會有一個遠大的目標與夢想，同時有一個勁敵兼朋友，他們會互相競爭、奮鬥，突破重重難關；第二、作者會為主角設計許多強大的敵人，並且逐一擊敗他們，隨著劇情推進，敵人的強度也愈高；第三、故事末尾，主角實現了他的夢想，並且成長為一個強大的人。也就是說，我們通常會將少年漫畫視為一種「類

型」，對其故事劇情、角色人物等會有既定印象，進而從過去既有作品的劇情結構去推敲某部少年漫畫未來的展開或者可能的結局。

戰後漫畫從手塚治虫以降，已漸漸擺脫原本只作為「化繁為簡的作畫手法」之功能性，開始具備描寫人物內心想法的文學機能。伊藤剛（2014）認為，現代日本的一部分漫畫雜誌雖名為「少年漫畫」、「少女漫畫」，但實際的部分作品並不適用於雜誌名稱本身的框架。實際上，現代少年漫畫已具備纖細且戲劇化地描寫角色人物自我內面的心理矛盾之技法。也就是說，「近代自我的病理」是在戰前的哲學或者近代文學領域才會有的主題，而今隨著少年漫畫的暢銷，也開始出現複雜的角色內面心理描寫。（衛藤安奈，2008）因此，當我們回頭觀察《週刊少年 Jump》的「類型公式」時，就能發現賦予讀者對少年漫畫產生特定的印象，只要某部作品劇情的開展跳脫讀者想像，就很難斷定其是否為少年漫畫。秉持前述觀點，筆者欲跳脫以「消費受眾」為分類方式的框架，不處理少年漫畫劇情的結構性問題，而是解析「少年」之概念是如何在日本社會中形成、建構，並以艾瑞克森（Erik H. Erikson）的社會心理學發展理論自我認同（identity）之概念，解析《我的英雄學院》中主要正反派角色的成長過程與性格發展，從而深入理解日本漫畫與社會之關聯。

## 二、「青年」與「少年」概念的社會建構：大眾文化呈現出來的「少年像」

原先，明治維新前的日本人一生只分為小孩和成人兩個階段，並無「少年」與「青年」的概念。江戶幕府垮臺之後，明治政府全面推行近代化政策，舉凡政治、經濟、教育、飲食、硬體建設等方面皆效法西方，「時間」變成可被客觀觀測、切割和量化的對象，人們變得必須配合機械時鐘的運作調整作息。隨著後來西化漸進，整個社會興起個人主義之思潮，個體因而在意識形態上逐漸從共同體社會脫離，能夠自己選擇人生的方向與目標。這一連串的改變意味著傳統體制的漸進式崩解，西方思潮為日本國內吹起一股革新的風，漸漸影響人們

舊有的價值觀，舊社會的年輕人們亦不得不去面對整個時代的轉變與挑戰。（田鳩一，2016）「青年」一詞便是在前述的背景之下誕生，該詞原是由設立東京基督教青年會的植村正久和小崎弘道翻譯英文 Young Men's Christian Association（YMCA）而來。起初日本社會對於「青年」與「少年」的概念釐清，在明治時期尚未普及，其概念建構，是隨著時代演進，才逐漸有了清晰的輪廓。於 1970 年所舉辦的第 43 屆日本社會學研討會中，有一個名爲「現代青年問題」的主題，可被看作爲日本學界開始正視青年問題之嚆矢。隔年，該主題的相關論文就被收錄於日本社會學會出版的雜誌《社會學評論》（22 卷 2 號）的「青年問題」專欄裡。（片瀨一男，2015）

片瀨一男（2015）引述塩原勉在〈序論〉一文中的說法，「青年問題」之所以有爭議，是由於 1970 年代初期青年世代對於年長世代持續發動政治性鬥爭之緣故。而實際上，此類政治性的「世代鬥爭」起自 1960 年代後期日本各地大學生所發起的學生運動。接著，塩原提到有關於「青年論」的研究方法可劃分為以下三種類型：一、勞動問題的青年論；二、文化問題的青年論；三、政治問題的青年論。而本文所關注之重點爲文化問題。井上俊（1971）在前述雜誌中借用艾瑞克森的人格論中的概念，著重於描寫青年的「遊戲性」。此處所指的「遊戲性」，是指「將自己人生『遊戲化』的志向」，換言之，就是脫離「常理」的人生——對於青年而言的「常理」，即爲高中或者大學畢業後，找到穩定的工作就職，並與異性結婚組成家庭。然而，片瀨也指出，「客觀來說，應該會因爲就職和結婚的關係而『早已既定自身的人生』，卻由於『主觀意識』而『未決』的青年如果增加的話，那麼可以預想他們已把『遊戲性』帶進大人的世界裡了。」

艾瑞克森參照佛洛伊德（Sigmund Freud）自我防衛機制的相關理論、海因茲・哈特曼（Heinz Hartmann）創建的「自我心理學」之概念，並透過批判佛洛伊德後期的「自我論」（例如：《自我與本我》），發展出自己的「社會心理學發展理論」。他主張透過本我與超我所引起的內在矛盾衝突，自我保有相對的自律性；正因爲有那樣的自律性，才能讓人的內心、想法超越現實原則，產生自身的內在世界。

從這樣的論點出發,艾瑞克森也提出了自己的「遊戲理論」(Erikson, 1968),他觀察兒童會將現實的困難、矛盾等投影在遊戲的世界裡,並會藉由支配玩具的方式,解決投影出來的矛盾。在那之後,便也能主動地適應現實世界的原則。在這點上,「遊戲」所處理的自我課題會是「從現實的被動犧牲品變為積極主動的掌握者」。此概念源於艾瑞克森的社會心理發展學理論,該理論將人生的全程分為八個時期,各個時期都有其不同的心理社會發展危機與任務,而青少年則被分類到第五階段,其發展任務就是要建立自我認同(self-identity)。成年以前,青少年面對即將踏入社會的壓力,難免感到徬徨和不安,進而會去思考未來的目標、自我形象的界定等問題。當青少年成功克服前述問題,便能產生自信,安然度過青春期;反之,則產生自我的危機(identity crsis),會感到自卑、迷失方向,嚴重時甚至可能會出現自暴自棄等消極行為。

實際上,這個「遊戲」的機能也影響到青年期自我統合(identity formation)的形成。艾瑞克森指出,人類的自我統合是從對社會客體的同一化(也就是社會規範的制約)有效性消失那一刻開始。一個人自幼兒期開始,內心便會開始對因同一化而內化的社會規範產生矛盾與對立,因此,到了青年期時便會選擇性地進行自我統合,建立起獨自的自我意象(self-image)。由此可見,青年期作為從小孩到成年的過渡階段,往往是一個人必須面臨做出重大選擇的時候;而根據艾瑞克森的說法(Erikson, 1968),它同時也是一個人探索自我定位的心理社會的延宕時期(moratorium)。也就是說,青年們會在職涯、在學期間進行各種不同的學習與嘗試,找到適合自己的工作或領域,宛如孩童把玩各式各樣的玩具般,青年們也會在這段時期進行所謂的「社會性的遊戲」。這樣的「社會性遊戲」,雖然有時候會出現角色混亂的狀況,不過艾瑞克森也解釋:「乍看之下在青年身上發生角色混亂的情形,實際上我們不得不把它看成是一種『社會性的遊戲』。那種『遊戲』是承繼於幼兒期的機制,發揮的作用可說是一樣,是為了讓青年的『自我』能夠順利形成,必須在空想與內省中反覆進行的『角色實驗』。」(Erikson, 1968)

無論是井上俊,或者是艾瑞克森,都關注青年期的「遊戲性」,並且這個「遊戲性」跟現代化的社會息息相關。戰後日本社會已完全跳脫傳統幕藩體制的「村落共同體社會」,當時大部分的青年們已可完全決定自己人生的去向。艾瑞克森的社會心理發展學理論主張:人生的每個階段都有必須要處理的危機,一旦解決不了,身心就無法獲得健全的發展。因此,幼兒(約五至六歲)透過玩遊戲的方式解決內在矛盾,進而能夠順利進入到下一個階段。同理,青年們即便身處「身分認同」的危機,也會不停進行「角色實驗」的試錯,反覆嘗試不同的事物,不時改變人生的跑道,與現實脫節。如果實驗成功,解決內在的矛盾與煩惱後,青年就能決定往後人生的方向,回歸「現實」的人生。

　　田鳩一(2016)曾透過明治時代的雜誌《少年世界》來分析當時少年像的變遷,他表示明治時期「少年」的概念仍是相當混亂,人們對其明確定義尚未取得共識,而《少年世界》的發行與發展,正好能說明「少年概念」的演變過程。受到漢文的影響,「少年」一詞在明治時代以前就已開始使用,不過與近代少年概念的內涵多少會有些許落差,例如:朱熹的名言「少年易老終難成,一寸光陰不可輕」中的「少年」,指的是「學子」,抑或是用來表示年齡上的「相對年輕」,常與「中年」一詞成對使用。《少年世界》發行的背景,正好是在明治政府大力打壓自由民權運動、甲午戰爭爆發的時候,此刻日本國內帝國主義高漲,國民也開始產生危機意識,舉國上下槍口一致對外,決心對抗滿清。博文社發行《少年世界》的宗旨,即在於培養具備這種國民意識的「日本帝國少年」,其創刊號的內容極為讚頌「征清的壯舉」,並呼籲少年們在「雪中苦學」,成為「東洋文明的繼承者」。其中,有趣的是《少年世界》的編輯者在創刊後不久便設立名譽賞,並規定投稿撰文的對象必須為:一、滿六歲,未滿十七歲的「少年」;二、學業優秀且品行端正的學童;三、孝順父母,對朋友守信之人;四、在工廠或商家勤勉的人。雖然在此處寫為「少年」,但實際上卻包含「少年、少女」之意。在這之後,隨著讀者群不斷擴大,博文社甚至根據不同年齡層追加「少女欄」、「幼年欄」等記事欄。到最後,由於該雜誌的內容太過多元,總算有讀者寫信反映「少年雜誌」應該只需要有「男孩」的內容,甚至出

現希望停止刊載「少女談」的文章，而當時的主筆巖谷小波對此的評論則是「難道『少女』不包含在『少年』的意思之內嗎」？由於產生不少爭議，引發多數讀者不滿，因此博文社遂又針對兒童與少女，發行《幼年世界》（1900 年）、《少女世界》（1906 年）兩本新雜誌。

明治政府引入西方教育制度，於 1872 年頒布《學制》後，小學的數量迅速增加。1879 年頒布《教育令》，開始規定兒童的義務教育。由於近現代教育的設立，國中階段的小孩通常就被稱為「少年」，這個階段的少年就如同一片白紙，很容易被環境所左右，「對『自我』的懷疑」是其主要行為與心理特徵。戰前，明治政府廣設小學，鼓勵各地成立青年會，也是為了秉除陋習，矯正社會敗壞風氣，例如：迫使少年戒斷吸菸。戰後，中等與高等教育的普及化，已從前述的消極作用，轉為協助青少年身心發展的積極作用。是故，青年與少年同樣面對自我認同建立的問題，概念上有些重合的部分，只是現今青年給我們的感覺比少年年長許多。

如同緒論中所述，明治維新後，少年與青年們開始會對自我產生懷疑。那樣的「近代自我病理」，起初是透過文學作品來展現，但在現代社會裡，也有少年漫畫會呈現這類主題。本文之所以選擇《我的英雄學院》（以下簡稱「我英」）作為文本分析案例，係由於該作品是一部描寫現代日本社會下少年成長的故事，同時也為《少年週刊 Jump》中的暢銷作品。[01] 在「我英」的世界觀裡，為了成為頂尖英雄，有志者會在高中階段，將「雄英高中」列為自己的第一志願，成為自己努力的目標，而故事就是聚焦於「雄英高中」學生們的成長——一所「現代化學校」下的少年（女）成長。從故事裡主要角色的成長脈絡來看，他們的成長恰恰符合前述艾瑞克森的社會發展心理學理論所指：倘若少年們的「自我危機」問題解決，就能更進一步地成長；相反地，若無

---

01 《我的英雄學院》跟其他相同類型作品之差異在於有兩點，一是故事背景的設定，二是劇情內容。比方《火影忍者》、《海賊王》等，其故事背景是設立在作者虛構出來的「宏大世界」，劇情內容多元，包含歷史、政治、國家、種族等方面的題材。誠然，主角群成長會是少年漫畫類作品的共同主題，但「我英」卻具備完整呈現「近代自我病理」觀點的條件。根據故事內容，「我英」的故事背景是設定在現代日本，也就是教育體制已成熟的現代社會，「學校」會關注青少年的身心發展與成長。劇情主線亦多圍繞在主角群成長過程中所面臨的「課題」，更能聚焦與強調本文所定義之「少年（女）像」。

法解決,會造成自卑、自我厭惡等負面情緒出現,嚴重者甚至性格會變得扭曲、叛逆,變成大眾眼中的「不良分子」。

根據上述引用的文獻,本文中的「少年像」並非只是社會期待的理想形象,也會是「需要被關懷的對象」。這種形象的呈現會因報紙、文學作品、電視劇等媒介的不同而有所差異;這其中也深受當時社會氛圍影響。明治時代的《少年世界》雜誌響應政府「富國強兵」的旗號,希望培養出愛國青年,將「雪中苦學的少年」設定為少年的理想形象。但若從近代自我病理的觀點出發,人處於少年(女)時期是纖細的,自我懷疑儼然是一種病,需要藉由心理輔導、鼓勵等方式從根本上治療。因此,少年(女)像不再只是單一的具體形象,而是少年(女)這樣的概念與他者、群體或者整個社會之間的交互作用所呈現出來的結果。這樣的結果透過少年漫畫展現出來的樣態會是「不同性格的角色在成長過程中,受到後天影響產生獨特的價值觀與自我認同,並將『自身』與『他者』做出區分,肯定與自己相似的事物,否定與自己相異的事物,最終為了證明自己的想法無誤而實際表現出來的行為」。因此,本文會檢視「我英」裡各個主要角色的成長歷程,從認同、性格、能力與人際關係等不同面向拼湊出屬於他們「少年(女)像」的完整面貌。

## 三、以「英雄」為主題軸心的少年漫畫──《我的英雄學院》

戰鬥類少年漫畫的內容往往具有超脫現實的部分,近似於所謂「超能力」或者「能量」,故事裡的人們可以隨意運用這些能力與他人展開對戰。舉凡《海賊王》裡的「果實」、《JOJO 的奇幻冒險》裡的「替身」、《火影忍者》的「查克拉」,以及《Haunter×Haunter》的「念能力」等皆屬此例,不存在於現實世界的「非現實」,可說是擴充戰鬥類少年漫畫內容的重要材料。《我的英雄學院》亦不例外,它是由堀越耕平創作的長篇少年漫畫,於 2014 年 7 月至 2024 年 8 月期間於《少年週刊 Jump》上連載。故事背景設立在架空的現代日本社會,全世界 80% 的人口都具有名為「個性」的特殊能力,「英雄」則是有著強大或

特殊個性的職業，在社會上頗具聲望與名氣；同時，亦有濫用「個性」為非作歹的「敵人」（Villains）危害社會，「英雄」的存在就是為了對抗、逮捕「敵人」，保衛社會的秩序。該作品參考美漫中常見的「英雄」（ヒーロー）概念，轉化成社會中實際的職業體系，並將其設定成「人人崇拜的存在」。結合日本少年漫畫與美國超級英雄漫畫兩大流行文化的特色，《我的英雄學院》獲得極大的成功，2016 年由動畫公司 BONES 改編成動畫，2017 年榮獲 SUGOI JAPAN Award 漫畫部門首獎。截至 2024 年 4 月為止，全球單行本銷售量已突破一億本。

《我的英雄學院》作為 2010 年代的暢銷少年漫畫，除了主打一貫的「成長」主題外，在兩方面有重大突破：第一是主角性格，第二是主角「成長」的方式。《少年週刊 Jump》主角性格大多樂觀開朗，並且頭腦簡單，常常不假思索魯莽行動，但是「我英」主角綠谷出久卻恰恰相反，是心思縝密的頭腦派，有時會有膽怯懦弱的一面。他跟多數《少年週刊 Jump》主角一樣，有著想要成為「英雄」的夢想，並且個性善良溫和，唯一不幸的是，綠谷是「無個性」，也就是沒有特殊能力的普通人。

故事一開始，作者極力描述綠谷對「超級英雄」的崇拜，童年時的綠谷無論何時都守在電腦前面，就是為了一睹偶像歐爾麥特的奮勇抗敵的英姿，希望長大後也能成為像他一樣的英雄。當身邊相近年紀的孩子的「個性」已開始出現的時候，綠谷的「個性」卻還尚未展現，直到被醫生診斷出是「無個性」的時候，綠谷終於絕望大哭。綠谷雖然對「英雄」職業仍有熱情，但所能做的事情有限——僅僅是搜集歐爾麥特或者其他英雄的資訊，並對他們的能力進行分析。

故事的轉捩點是發生在綠谷國中的時候。某天放學下午，他被敵人攻擊，並意外地被歐爾麥特所救，之後綠谷向他搭話，問：「無個性是否能成為英雄？」歐爾麥特直接回答：「職業英雄無論何時都需要賭上性命，『無個性』這句話我實在說不出口。」之後便隨即離去。

讓人沒想到的是，由於綠谷的搭話，歐爾麥特意外地丟失剛剛捕獲的敵人，才發現附近的街區濃煙四起，一到現場便看見他狹持綠谷的同學爆豪勝己為人質，正與職業英雄對峙。因為敵人手上有人質

的關係,職業英雄行動處處受限,就在雙方僵持不下時,綠谷突然衝了出去,將背包丟向敵人,打出破口,最終得以讓歐爾麥特趁機攻擊,再次擊敗敵人。由於綠谷這次的行動,歐爾麥特對綠谷改觀,評價他:「頂尖英雄在學生時期就會留下逸事,並且許多人都會下此結論:『在思考前,身體就已開始行動』。」

歐爾麥特之後做出一個重大決定:就是將自身的個性「One for all」(以下簡稱為 OFA)讓渡給綠谷。該個性的能力是「儲存力量」與「賦予他人」,也就是繼承歷任使用者能力的強大個性。故事一開始綠谷還只有體現歐爾麥特原有強大的身體能力,也就是強力的拳頭重擊與快速的移動速度,到了故事後期,綠谷開始能施展「黑鞭」、「浮游」、「煙幕」等不同的個性,主要就是因為他承繼自歷代 OFA 持有者的能力。

如同前面所述,少年漫畫關注於主角的成長,而這個成長,多半是透過不斷的努力修煉,而練就多變的能力。然而,「我英」卻在一開始就給予主角強大的個性,這樣的主角的能力設定類似於美國的超級英雄漫畫,在故事前面幾話就已確立自己的能力,不以增強招式為劇情核心,而是主角要如何運用得來的能力,解決他所面對的困境與問題。因此,綠谷的成長並不在於他要如何將 OFA 發揮得更加強大,而是他要如何掌握這份能力,去打擊危害社會的重大威脅,並且變得更加沉穩、堅強。

戰鬥類少年漫畫會提供「非現實」的場域去塑造「奇蹟」,也就是設計出一個逆境試圖讓主角去超越;而成功的少年漫畫,除了在市場上要有一定的銷量外,也要能讓讀者後有所共鳴。原先「無個性」的綠谷,在一場巧遇後,卻獲得他憧憬英雄的強大力量。這從現實來看,可說是近乎奇蹟。但也正因為現實中幾近不可能發生「自己的能力或者技術突然變強」這樣的事情,所以人們會嘗試從非現實的場域中尋找奇蹟,達到自我滿足。儘管綠谷這個角色的評價在「我英」連載初期備受爭議,但是從銷量上來看,作者塑造的主角是成功的——儘管綠谷身軀瘦小,卻蘊含無限力量,但這份力量卻是把雙面刃,需要不斷練習才能駕馭,同時也會對自身身體造成傷害,付出代價。綠谷在故

事中的處境，或許能讓讀者想到過去某個時期弱小的自己，並且在目睹他的「奇蹟」後，也能替他感到開心吧。

「個性」是「我英」世界觀裡重要的非現實超能力，甚至是故事裡頭角色的「生命」，「無個性」的人終其一生只會是平凡人，有「個性」的人也不見得能成為職業英雄。少年漫畫裡的非現實超能力通常被用於描寫故事角色間的較勁與比劃，展現出的是「才能之間的碰撞」。《我的英雄學院》不乏這些描寫，例如：具有優秀個性「爆破」的爆豪勝己，不靠他人指導就能將自己的能力發揮得淋漓盡致；相比之下，綠谷的個性承繼自歐爾麥特，起初也無法隨心所欲地運用 OFA，是到後來透過歐爾麥特的指導，綠谷刻苦鍛鍊身體、進行「個性」的開發訓練，才逐步掌握 OFA，並成功錄取英雄職業的第一志願學校——雄英高中。「天生的才能」與「後天的努力」常常是少年漫畫裡描寫的題材，但是「我英」卻不止如此，「個性」這樣的超能力，也被用於探討現實層面的問題，從個人到群體，乃至整個社會，皆存在著種種問題。本文會將這些問題統整在自我認同與個性社會兩部分，並會從中發現：「我英」故事世界觀的建構與「個性」的演繹，皆與前半段「少年」概念的建構息息相關。

## 四、「個人」的自我認同

### （一）自我認同的具現化——「個性」

自我認同（self-identity）是指一個人對自我價值的衡量，透過經驗的累積與生涯的探索，個體會清楚知道自己擅長與不擅長之事。倘若擅長的事能得心應手，則會自信大增，產生優越感；反之，假若不擅長的事無法順利完成，則將心生挫折，情緒低落。艾瑞克森從社會心理發展學的角度出發，闡釋青少年階段迫切需要解決的問題就是自我認同，若能順利解決，青少年能確立自我定位，找到未來的目標，則將朝向健康人格發展；倘若無法，將會陷入自我混亂的泥淖，嚴重的話甚至有可能出現偏差行為。從日本社會的歷史脈絡來看，「少年」

概念的建構深受近代化的影響，明治維新後，個體從「村社會」的機器系統中脫嵌，不再受傳統禮教的束縛，能夠自由規劃自己的人生。正如前面所述，井上俊（1971）引用艾瑞克森的觀點，解釋戰後日本年輕人晚婚、不停換工作的行為，是因為他們正處於「心理延宕的時期」（moratorium），此時的他們如同漂泊在海上的帆船，不停地在尋找自身「生命的定位」。受到戰後個人主義思潮興起、高等教育普及等現象影響，二十至三十歲的年輕人尚有可能處在這段時期。[02]

《我的英雄學院》主打「超能力戰鬥」，卻是《週刊少年Jump》旗下漫畫中少數將故事背景設定在現代日本社會的作品，同時也帶出許多「英雄社會」中存在的「問題」。鮮少會有戰鬥類少年漫畫在「假想」的場域裡試圖探討「現實」，並且完整且恰當好處地融入作品設定。現實裡剛出生的嬰兒看起來都一樣，但是到了幼兒時期，會開始展現出自身的性格與喜好；「我英」中的「個性」也多半是在幼兒時期會慢慢展現出來，每個孩子都可以根據自己的「個性」決定未來的志向，並加以鍛鍊，培養成特定專長。除了職業英雄外，也可以選擇與自身「個性」無關的職業。歐爾麥特在一開始也對綠谷說過：「就算是『無個性』，也可以選擇去當警察，做到與英雄相同的事情」。「我英」裡的英雄，就是以自身「個性」保護民眾，並打擊用「個性」為非作歹的惡勢力。沒有「個性」卻去當英雄，就好比身高矮卻去打籃球一樣，只會被敵人單方面壓制，毫無還手之力。

因此，我們可以說「我英」的「個性」，是自我認同的具現化，並能從特定角色的「個性」中看出其本身的性格。比方說，爆豪勝己的個性「爆破」，效果是引爆自己手中分泌、類似硝化甘油的物質，而他自

---

02 片瀨一男（2015）指出，在瞬息萬變的現代社會裡，個人所需學習的東西，或者扮演的角色，也是在不斷變化，特別是在青年期會感受到社會化的不連續性。所謂社會化的不連續性，係指個人原本所屬的集團與之後所要參與的集團或者組織，會有任務、職位或者扮演角色上的不同，讓世代之間的角色行動和志向難以被繼承、傳達。也就是說，由於家族、職業組織的分離，父母親很難以自身的職業為模板，向小孩提示未來前進的方向。之後，他（2015）也引用安東尼・紀登斯（Anthony Giddens）著作《現代性的後果》一書中「社會系統脫嵌化」（脱埋め込み化）的概念，說明隨著近代化的發展，人們從傳統封建社會中支撐著「自我形成」的身分與制度解放，同時整個近代社會也產生了「再歸性」。雖然近代以前的那些傳統和慣習能夠保障行為和制度的正當性，但是在近代社會中卻也可以對照最新的情報和知識，去檢視那些傳統的個人行為與社會制度。

身的脾氣也是相當火爆,常常因為一點小事就動怒;綠谷的同班同學兼勁敵轟焦凍個性為「半冷半熱」,是一種可以同時釋放出「炎」與「冰」的強大能力,焦凍自身的性格則是外表冷靜,但求勝慾強烈。

　　《週刊少年 Jump》旗下的戰鬥類漫畫主角多半會有個夢想,而這些夢想多半是「他們想要成為什麼樣的人」。具體來說,《海賊王》的魯夫夢想是「想要成為海賊王」,《火影忍者》的鳴人是「想要成為火影」;綠谷的夢想就是「想要成為超級英雄」。當這些主角立下宏願,努力朝向他們的目標邁進而展開行動後,也就已經奠定他們的自我認同,並逐步去實現自我統合(identity formation)。然而,「我英」與其他作品之差異在於:除了前述目標導向的自我認同外,作者也透過「個性」的命名來明示或暗喻主要角色的自我認同。綠谷的個性「One for all」,翻成中文就是「我為人人」,也就間接暗喻綠谷可以無私為他者奉獻,具有正義之心,所以歐爾麥特才會將個性給他。

　　也就是說,自我認同的面向很廣,對於「自己想要成為什麼樣的人」之答案,可以是職業、性格或者價值觀,當自己立下特定目標或者進行抉擇後,自身也開始朝向自己想要成為的樣子邁進。「我英」透過紮實的「個性」設定,塑造出多樣角色的具現化自我認同,當不同性格的少年(女)相遇時,上演的是激烈的競爭、才能的碰撞或者理念的衝突。這些演繹占據「我英」大部分的劇情,也將會是本節所要闡述與分析之內容。

(二) 貫串故事的主軸——「無私」與「自私」之間的對抗

　　當我們聚焦於綠谷出久與死柄木弔這兩個角色時,會發現這兩人無論是性格、能力與成長經歷,皆有強烈的對比性,他們之間的對決亦可視作「自私」與「無私」的衝突。綠谷出久的個性 OFA(我為人人),能力是「繼承」,也就是個性可以被讓渡給他者,而綠谷是第九代 OFA 使用者,一共擁有「浮游」、「黑鞭」等八種能力;死柄木弔的個性「AFO」(人人為我)、「崩壞」,能力分別是「奪取他人個性並加以使用」、「可隔空或藉由碰觸物體進行物理上的破壞」。從二者的「個

性」，可以看出他們是處在對立面上，綠谷的能力不是自己獨創，是繼承自先代的使用者們；死柄木則是靠奪取他人個性轉而變成自己的能力加以使用。

綠谷的性格善良，有時卻也有懦弱的一面，容易哭，在母親細心的照顧下成長。得到 OFA 後，綠谷接受各種艱困的訓練，實力也有大幅度的提升。另一方面，雖然死柄木弔一開始出生在幸福的家庭，但是卻因為一場誤會[03]慘遭父親毆打，「憎恨」的情感開始在年幼的他心中萌芽，尤其死柄木弔在其個性「崩壞」覺醒後，更親手將他的父親志村弘太郎殺死。幾年之後，死柄木遇到他的師傅「AFO」，他看中死柄木以「恨」為原動力而行動這點，致力於「崩壞」個性的增強與「AFO」的移植手術，讓死柄木的實力成長到前所未有的巔峰。

從艾瑞克森的社會心理學發展理論來看，第五階段中青少年所要面對的是自我認同建立的問題，如能順利解決心中內在矛盾，那其性格將會朝向正向發展；如未能解決，那青少年將會產生自我懷疑、不安等情緒，當積累已久的負面情緒爆發時，其行為甚至會變得偏激，發洩到他人上。在「我英」的世界觀裡，「個性」是決定人一生走向的關鍵要素，綠谷原先與職業英雄無緣，但從小就有想成為英雄的夢，在媽媽細心的教育下，綠谷的性格是良善的，歐爾麥特也評價綠谷：「在思考之前，身體就已不由自主地行動去救人」。「想要成為如同歐爾麥特一樣的人」是促進綠谷前進的原點，最終也幸運地遇到恩師歐爾麥特，得到個性 OFA。綠谷如願以償擁有了個性，得以滿足

---

03 死柄木弔的父親弘太郎不希望他的兒子接觸太多跟英雄有關的事物，於是將志村菜奈是超級英雄的秘密塵封於家中書房裡。但不幸的是，卻被其長女志村華無意間發現這個祕密，並告知給死柄木；弘太郎得知後憤怒異常，認為是死柄木去書房偷看，於是將他痛打一頓。

根據「我英」漫畫 235-236 話的內容，死柄木弔原名為「志村轉弧」，從小就出生在一家六口的家庭，家庭成員包含父母親、姊姊、外公外婆，原先轉弧對於英雄職業有所嚮往，性格天真善良。但是轉弧的父親志村弘太郎無法理解志村菜奈為何疏於家庭關係的維繫，最終甚至殞命於與 AFO 的戰鬥中。（志村菜奈為歐爾邁特的師傅、弘太郎母親、轉弧祖母、第七代 OFA 個性持有者）。因此，他在教育上堅持不讓轉弧接觸跟「英雄」有關的事物，甚至隱瞞菜奈是超級英雄的存在。弘太郎的性格強硬，往往對轉弧的管教是以暴力相向，故父子之間的關係日漸疏遠，也是轉弧性格大變的主因之一。之後，弘太郎因個性覺醒，將全家殺死（除了弘太郎是帶著恨意殺死以外，其餘四人皆為不慎殺死）後，被全劇的頭號反派「AFO」收養，改名為「死柄木弔」，從此踏上無法回頭的不歸路。

他的英雄夢，步入雄英高中，認識許多要好的同學、朋友，互相扶持幫助，綠谷也順利解決第五階段的難題，變得更加堅強。

相反地，死柄木雖然從小就具有個性，但「崩壞」個性對於我英的「超人社會」而言，是屬於如同怪物般的負面個性，死柄木弔的存在遭到人人嫌棄，再加上兒時與父親間的隔閡，死柄木厭惡整個社會，只想徹底將所有一切破壞殆盡。歐爾麥特對他的評價是「像幼兒般自我中心的大孩子」。死柄木召集一群在社會中被視為異常個性的「敵人」們，成立「敵人聯軍」，旨在報復並破壞整個超人社會的體制。原先死柄木的性格是良善的，但是在父親嚴厲的教育下，父子關係逐漸疏遠，產生嫌隙；親自解決父親的死柄木，非但沒有感到一點愧疚，反而只覺得一陣痛快。死柄木弔也曾經憧憬著英雄，但是其個性的存在，卻違背整個超人社會的價值觀，「異常」或者「敵人」皆被視為異端。因此，在備受眾人唾棄的狀況下，死柄木無法解決心中的內在矛盾，他憎恨父親、家庭，乃至整個社會，將恨意宣洩至他人上，人格發展走向負面循環，成為只為破壞而存在的報復者。

## 五、「個性社會」體制下的悲劇

自我認同是指個體對於自我價值的衡量，而社會認同的範疇則是擴張到群體與社會，可被視為個體與群體、社會之間的交互作用。社會認同理論（Social Identity Theory）是由塔爾費傑（Henri Tajfel）和特納（John Turner）於1979年提出的論說，主要是用來說明社會的建構如何對個人的自我認同造成影響。（林若慧、陳思伶、黃柏憲，2011）該理論有三個核心概念，分別是類別化（categorization）、認同（identity）與比較（comparison）。以下將依序簡要說明這三個概念。

如同自然界存在許多物件，社會的世界裡亦存在著許多社會類別（society categories），比方說性別、職業、自然組、新聞系等。社會認同理論中，類別化的意義在於：必須劃分出「組內」與「組外」，以強化同類別成員的相似性與不同類別成員的差異性。而最基本的社

會類別就是自我（Self）與他者（Other），其後則是我們（We）與他們（They），也就是從個人到群體的轉變。社會認同理論假設社會認同是由個體對社會類別所構成的社會認證（identification），也就是確認自己的身分，例如：學生、老師、警察……等。然而，需要注意的是，即便自己有隸屬於特定社會脈絡下的身分，也不代表自己會對這個身分或者類別產生認同感。所謂認同，也就是自我評價或者自我意象，是社會認同理論中相當重要的核心概念，可以用來解釋「組內偏袒」或者「組外歧視」之現象。該理論中一個基本而普遍的驅力（motive）是個體會將自己想成是「好的」，也就是正向的自我評價。倘若個體對自己的評價是負面的，那將被視為心理是不健康的。那個動力不但在個體的層次中運作，也在群體的層次中運作。因此，存在著正向評價的個人認同，也存在著正向評價的社會認同。在自然的狀態下，個體會對自身隸屬於不同的社會類別進行比較，並傾向於選擇對自己是正向意義的群體。根據社會認同理論，唯有透過比較，才能彰顯出對個體來說正向的自我認同與社會認同。（楊文金，1998）

《我的英雄學院》的世界觀，是設定在一個由超能力「個性」所構成的「個性社會」，人們因擁有「個性」而被類別化，並也有自身的社會認同。職業英雄往往有強大的個性，並備受人們追捧；然而，整個日本社會看似因為受到「英雄」守護而一片祥和，實際上卻是問題重重，有些人受惠於「個性」，但有些人卻因自身的「個性」而備受折磨。比方說，該作品裡存在一種「獸化系」的個性，也就是外觀是動物類型的個性，例如：青蛙、烏鴉、蜥蜴等。雖然是動物的外觀，但這些個性的持有者卻與常人無異，他們會思考、說話，卻只是因自身的外觀而遭到「非獸人」的歧視，使得他們成為「個性社會」裡弱勢、被排擠的一群。

除此之外，還有一種與「英雄」相對的分類，那就是以「個性」為非作歹的「敵人」（Villain），也正是因為有這群人的存在，所以才延伸出「英雄」這樣的職業，並且有相應的制度與規範。職業英雄被允許可以在打擊罪犯的時候合法使用「個性」；一般人在平常是被限制使用「個性」的，譬如傷人、偷竊、危害社會秩序等使用個性的犯罪行為，絕對是違法且不被許可的。在「我英」的世界觀裡人們清楚明白「個性」

的危險性,並也以法律規範它的使用。社會大眾否定那些濫用個性犯罪的「敵人」;反之,那些「敵人」卻以犯罪為樂。「敵人問題」一直是「英雄社會」的痛點,倘若這些潛伏的力量凝聚在一起,那將對整個社會的運作造成威脅。作品裡死柄木弔創立的「超常解放戰線」就是相對於「英雄」的「組外」,該組織凝聚了「敵人」的力量,企圖去反抗社會中的多數,促成「英雄」與「敵人」之間的二元對立。如同前面社會認同理論之論述,人們普遍能認為自己是「好的」,將犯罪視為正向意義之行徑,無疑是違背人性,超乎常理。因此,本節將透過「超常解放戰線」其他主要成員的成長背景,來了解其反抗動機為何。這不僅能知道「敵人」們的犯罪心理,也能揭示「個性」所造成的人性扭曲以及「個性社會」體制下的悲劇。

## (一) 天生難以改變的「超常」

所謂「超常」,意指超乎尋常,也就是不同於一般事物之常理。「個性社會」底下的超常,就是指自身的「個性」異於常人,正面的「超常個性」,譬如 OFA,可成為守護社會和平的堅強後盾,但更多的是不被社會主流所認同的「負面超常個性」。負面超常個性的持有者不僅讓人心生厭惡,不敢接近,甚至會遭到排擠、歧視,死柄木弔就是一個典型的例子,「崩壞」的力量足以讓人致命,嚴重危害到社會的治安。「個性」是個人天生具備的能力,並非自身能後天習得,一旦覺醒就很難再有改變。負面超常個性就如同天生的某種缺陷,例如:色弱、啞巴、聽覺障礙、唐氏症等,不是個人能獨力治好的;也由於那些身體缺陷者較弱勢,常常遭受他者歧視,故而也是需要被關懷的一群。「超常解放戰線」的渡我被身子的「變身」,亦是屬於負面超常個性,天生無法改變的「異常」,以下將進行詳細說明。

渡我被身子是一名十七歲的女性角色,形象是身穿水手服的高中生,雖然因為亮眼的外型在讀者間有一定的人氣,但在故事裡的表現卻是異於常人。渡我持有的個性為「變身」,具體效果為「可以藉由攝取他人血液而變身成血液原主人樣貌」。渡我天生患有嚴重的「嗜

血病」，看到喜歡的人或動物，會不由自主地想去攝取他們的血液，甚至會對他們流血的樣子感到興奮。渡我小時候曾經吸食過麻雀的血液，之後還開心地向父母展示，希望獲得他們的讚美與認同，豈料渡我的這番舉止反而招來父母的制止與打罵。自此以後，渡我的父母親就視她為「異常」，並且開始對她進行「個性矯正」，指責吸血是不對的行為。

渡我父母親沒有想到的是，渡我的「嗜血症」是自身「個性」使然，並不是光靠口頭責罵就能阻止。渡我在之後的成長歷程中，一直壓抑著自己想要吸血的欲望，戴著虛偽的假面掩飾真實的自我，到了國中時，因長期攝取喜愛事物的血液之慾望得不到滿足，終於還是顯露出本性，並連續犯下多起流血致死命案。從這件事來看，渡我在自我認同形成的過程中始終被壓抑，而去勉強順應社會的眼光，塑造出一個「正常的渡我被身子」。這可用著名心理學家米德（George Herbert Mead）提出的社會自我（social self）概念解釋（1934），他主張社會自我是個體不斷與他人進行互動形塑而成，並且是由主我（I）與客我（Me）抗衡制約。主我是「衝動的我」、「本能的我」、「赤裸裸展現人類初始慾望的我」；客我是「客觀的我」、「被組織化的我」、「為了融入社會而被同化的我」。小學的渡我扮演著社會期待的「正常」樣子，但是當客我無法抵禦主我時，就會發生渡我這樣的情況——因為長期無法滿足欲望，總算爆發出來衝動的「我」。

在漫畫第80話，渡我跟女主角麗日御茶子初次相遇，告訴她：「想要和喜歡的人一樣，就是變成對方。」意思是渡我被身子跟其他少女一樣，會有喜歡的人，但表達的方式不同。這種「不同」，讓渡我相當困惑，分不清楚何謂「正常」。漫畫第225話至227話中，敵對組織異能解放軍對她的評價是：「不幸的女孩，被自己的異能推向毀滅。妳的生活總是如此吧？透過攝取血液來變換身形，這個與生俱來的能力，同時也是妳渴望鮮血的原因。雖然如此，但真正的悲劇並不在此，『喜歡』是人人都有的情感，但『喜歡』與『鮮血』的組合不為社會所接受。所以你隱藏自己，戴著面具，壓抑自我。」作者也透過異能解放軍首領迪斯楚的台詞，對渡我的處境提出疑問：「渡我被身子的世界裡面

她孤身一人,人們說她不正常,是個敵人。她選擇踏上這條路又是誰的錯呢?世界永遠在逼迫人們遵守規則,並且放逐掉無法遵守的人,即便至今也沒有適合那些人的規則。」

　　也就是說,每個人的「個性」都是獨特的,「個性社會」不可能只為一個「個性」的問題去設計解決方案。因為喜歡,所以去吸血,再透過自身個性變成對方,彷彿自己變得跟對方一樣,這就是對渡我來說的「普通」。但這份「普通」在別人看來是為「異常」,所以才反過來要求渡我改變自己,去適應社會的準則與道德正論。人們將她排擠在外,而她總孤零一人,渴望他者的認同。最終,她選擇加入死柄木的組織,也是希望能找到一個能接納自己的地方,認同自己的「普通」。

　　從渡我的成長經歷來看,影響渡我最深的還是她的父母親。「根本不該把妳這個『非人類』的孩子生下來」是渡我父親曾對她說過的一句話,從這句話透露的訊息是她的雙親顯然沒有去理解她的生理需求,而一味地逼迫她成為社會中「正常」的樣貌。從小到大,她的雙親就是不理解、不認同,果斷否定她的「正常」,在過度壓抑的小學時期中,渡我在不知不覺間受到父母言行的影響,性格逐漸扭曲,開始崇拜罪犯「英雄殺手」污點,並在遭到通緝後離家出走,成為敵人一員。

　　米德的社會自我論中指出,個體在兩歲至三歲的幼兒期,會去模仿重要他人的言行,並於社會化或者自我人格形成的過程中深受影響。這裡的重要他人通常是指父母或者師長,扮演著教育小孩的重要角色。渡我雙親不斷地否定她,使得她只能尋找其他人的認可,接納自己的「正常」,以解決因「個性」產生的自我混亂。渡我離家出走,踏入險惡的社會後,也開始尋找與自身性格契合的歸宿,也就是米德指稱的自我發展第二階段,渡我加入的「超常解放戰線」,就是能給予她自我統一感的組織。亦如前面所述,根據艾瑞克森社會心理學發展理論中的第五階段,青少年首先需要解決的就是自我認同的問題,渡我始終都是在尋找他人的認可、包容與諒解。殺傷別人固然是不對的行為,但從死柄木弔與渡我被身子的例子中均可得知:父母親對小孩的身教何其重要,暴力、強迫與不理解只會加深親子間的隔閡,甚至影響到個體的身心發展,唯有耐心地從小孩的立場思考他們的需求,才

能根本上處理負面超常個性帶來的問題。

## （二）盲目的「最強英雄崇拜」與「個性聯姻」

從渡我被身子的例子可知，「個性」根植於人的遺傳因子中，人類個體的「個性」是有可能會受到父母親的影響。故事裡面的 No.2 英雄安德瓦，因為自己的求勝欲，而選擇透過「個性聯姻」的方式，希望生下具有優秀個性的後代，並培育成超越歐爾麥特的「最強英雄」。「個性社會」底下的「英雄」是備受尊敬的職業，除了有完善的律法與制度外，也有完整的教育體制。安德瓦的作法就如同現實中的富裕家庭，會把許多資源投注在教育小孩上，讓他們進入社會後能找到好的工作，也就是所謂階級複製（class reproduction）。職業英雄就如同現實世界中的偶像、籃球明星等職業一樣，在社會中具有崇高地位，集結了金錢、名聲與人氣於一身。

安德瓦的本名為轟炎司，個性為「地獄之火」，是可以隨意收放火焰的強大能力。安德瓦成為 No.2 英雄的時候年方二十歲，那時血氣方剛的他立下一個目標，就是希望能超越歐爾麥特，成為 No.1 英雄。然而，在努力過一年多後，安德瓦發現到了自己的極限，遂決定展開「個性聯姻」的行動。他與冰叢家的冰叢冷結婚，十年間陸續生下轟燈矢、轟冬美、轟夏雄、轟焦凍等三男一女。這四名子女的個性中，燈矢的個性只有遺傳到轟炎司的「火」，冬美、夏雄有遺傳到冰叢冷的「冰」，三子焦凍遺傳到夫妻倆個性的各一部分。

為了擁有超越歐爾麥特的潛質，安德瓦認為小孩最好擁有「冰火兼具」的個性，也是出於此原因，所以才找上冰叢家提親。長子燈矢雖然沒有「冰」的屬性，但安德瓦認為，燈矢的火力能超越他，亦具備培養的資質，遂在燈矢還不到五歲的時候就開始加以訓練。然而不幸的是，燈矢體質遺傳自母親「冷」的性質，所以每當燈矢過度使用「個性」時，不僅頭髮變白，還出現燒傷，於是安德瓦決定停止對燈矢的訓練。燈矢的個性也是「放火」，是能夠釋放出紅色火焰的能力。為了回應安德瓦的期待，年幼的他拼命練習，即便在安德瓦讓他停止練習後，仍

舊在偷偷訓練。安德瓦發現後，採用冷落、不回應他的方式，逼迫他放棄。從這件事來看，安德瓦作為頂尖英雄選擇「個性聯姻」傳承自己的血脈是合理的，但作為一個父親卻是相當失格。雖然阻止燈矢練習是出於善意，但由於溝通方式的不當，導致後來親子之間的疏離。實際上，也是自那以後，轟一家人之間的關係就已產生微妙的變化。本節即是要以轟一家人的故事為主軸，闡釋「個性社會」下盲目的英雄崇拜與「少年成長」之關聯。

安德瓦是個工作狂，在實力的增進與事業的打拼上認真盡職，但在經營家庭關係上卻是一竅不通。這也是因為他當初娶冰叢冷的時候，是帶有功利的意圖，並沒真心相愛，讓燈矢停止練習，似乎也間接承認他是個「失敗品」，而不回應燈矢的殷切企盼。原本在不抱希望的情況生下第四胎，豈料就生下安德瓦夢寐以求的個性——「半冷半熱」，同時具有「冰」與「火」雙重屬性的能力，而該個性的持有者，就是故事裡的主要角色轟焦凍。焦凍的誕生讓燈矢相當忌妒，甚至還曾意圖攻擊還在襁褓中的焦凍。在阻止燈矢後，安德瓦要冰叢冷看好他，並拒絕讓其他兄姊接近焦凍。

在那之後的五年，燈矢以為只要繼續讓自己的火焰燃燒得更強，就能讓安德瓦回頭認同自己，所以一直在默默訓練；另一方面，被安德瓦稱為「完美作品」的轟焦凍在五歲的時候，就開始接受父親的斯巴達訓練。在燈矢十三歲那一年，身體迎來了第二性徵，身上的火焰也由焰紅轉變為蒼藍，燃燒火焰的力度與溫度亦有顯著提升，燈矢向安德瓦展示了他的變化，興奮地向安德瓦說：「爸爸，下次你放假的時候，來一趟瀨古社山吧。」可是安德瓦卻憤怒異常，看見燈矢身上新的燒傷，立刻質問冰叢冷：「為什麼不攔住他？」此刻的安德瓦無法控制自己脾氣，面目猙獰，大聲咆哮，任誰都不敢反抗他。安德瓦對冷的家暴、燈矢的漠視、焦凍的施壓，從此讓轟一家的氣氛降到冰點。安德瓦始終都沒有赴約，因為他不知道怎麼面對滿身燒傷的燈矢，只能一直選擇逃避。然而，誰也沒想到的是，安德瓦放假的那天，瀨古社山上突然出現一片大火，將整座森林燒盡，當安德瓦趕到現場時，燈矢早已消失得無影無蹤，現場只找到一部分他的顎骨。安德瓦推

測,是燈矢引起的火焰自焚,而一切罪孽的根源就是安德瓦本人——因為他只會教燈矢如何讓火焰燒得更旺盛而已。自此以後,安德瓦一直活在「害死燈矢」的陰影裡,對此自責不已。

世人很難想像,英雄光鮮亮麗的外表底下,竟有不為人知醜陋的一面。這也是為何焦凍在故事初期登場,考入雄英高中後,絲毫沒有一點開心的表情,反而不停埋怨他老爸的原因——除了對冰叢冷家暴外,還害死哥哥燈矢。

然而,就算安德瓦再怎麼掩蓋真相,紙終究包不住火,事件的真相隨著「敵聯合」的主要成員荼毘與安德瓦的對峙,在大眾媒體面前曝光。漫畫第291話,荼毘直接承認自己的身分就是轟燈矢,並且把事情的原委全都講得一清二楚。雖然敵荼毘揭示安德瓦過去的傷疤,並迫使他向公眾道歉。荼毘是年約二十幾歲的男子,外表可見滿身的燒痕及皮膚縫合的痕跡,個性「蒼炎」是可釋放出藍色的火焰之能力,這些特徵基本都與燈矢一致。漫畫第350話,揭曉了燈矢在瀨古社山「葬身火海」的伏筆——他並沒有被燒死,而是瀕臨死亡,最後被AFO帶走,進行了長達三年的治療。當燈矢醒來後,雖然AFO有設法將燈矢留住,但任誰都無法撼動燈矢對安德瓦的執著,他趕緊回家,希望能見上家人一面。「我曾回去過,明明比之前變得更弱了,沒什麼好期待的了。一定是……內心深處還是想要有什麼改變吧。想要親眼看一看,我來到這世上的意義。看到的卻是睽違三年,一成不變的光景。重新讓我知道,我只是個毫無意義的失敗作。對這個家來說,我已經是過去式了。」燈矢回去時看到自己的靈堂,頓時覺得一切都已毫無意義,安德瓦的脾氣依舊沒變,照樣會毆打冰叢冷。一開始備受青睞,最後卻突然不再受關注,這就是燈矢煩躁的真正原因。失去努力意義的燈矢遂將自己的名字改成荼毘,繼續鍛鍊自己的火焰,但這麼做的意義再也不是為了讓安德瓦回頭,而是為了某一天父子重新相遇時,自己的火焰能擊敗安德瓦。

從上述轟一家的複雜故事來看,安德瓦做錯的原因是他的驕傲與懦弱。不懂得放下身為頂級英雄的驕傲疼惜妻小,不去面對燈矢「負面超常個性」的問題,選擇逃避的懦弱,促成這場家庭悲劇。燈矢與

焦凍是一個對照組,燈矢天生體質的關係,無法一直承受著烈焰的燃燒,再加上安德瓦不去回應他的期待,讓燈矢感到挫折與失落,三年後回家看到安德瓦的脾氣依舊沒變,更是徹底絕望與心死。倘若安德瓦能夠耐心地給予燈矢回饋,並正視他的負面超常個性,想出改善之道,而非偏執於滿足自己勝利的慾望的話,或許就不會導致燈矢的墮落與沈淪。另一方面,焦凍雖然長期接受安德瓦的斯巴達教育,但由於其完美的「個性」和沉穩的性格,焦凍天生就是當英雄的料,甚至實力有超越歐爾麥特的可能性。焦凍雖然討厭安德瓦,但心地仍能保持純真善良,也是因為安德瓦確實對他用心加以栽培,他自己本身也夠爭氣,才得以順利考入雄英高中就讀。

同一個雙親教出來的兄弟,因為天生「個性」與性格的不同,而有了不一樣的結果。安德瓦都曾對兄弟倆實施過嚴格的訓練,但由於之後冷落燈矢,導致他變成「敵人」的一員;焦凍則穩定成長,進入英雄職業體制的明星學校。從這一兄弟的例子當中,又可看出父母身教對於子女的重要性,最大的問題仍在於安德瓦的溝通方式不當。即便在「我英」的故事後期,安德瓦對自己的作為感到懺悔,但在前中期確實展現出大男人主義、功利主義者、施暴者等多重面向,這些面向反映出的是家暴、親子溝通等問題,而這也是現代社會中許多家庭會遇到的挑戰。

## 六、結論:描寫「英雄現實與理想」的少年漫畫

本文以綠谷出久、死柄木弔、渡我被身子、轟燈矢與轟焦凍等角色為例,檢驗他們的成長經歷,結果發現:正如艾瑞克森社會心理學發展理論所述,在第五階段的青少年時期中,一旦個體解決自我認同問題,則其性格將得到健全發展;一旦無法解決該問題,則其可能有失落、難過等負面情緒,嚴重的話甚至可能會出現偏差行為。重要他人能幫助這些青少年順利完成自我統合,也就是青少年的父母、師長等陪伴他們成長的關鍵人物。

死柄木弔、渡我被身子、轟燈矢之所以性格變得扭曲,很大程

度是因爲在他們成長過程中，未受到父母親的肯定，甚至是被暴力、否定、冷漠等方式對待；這也跟他們自身的負面超常個性息息相關。主流的少年漫雖然大多都有超能力的設定，但是「我英」的畫龍點睛之處在於：作者巧妙地運用「個性」的設定，與現代日本社會的現實結合，不但具體展現出少年角色的自我認同，也根據使用「個性」犯罪與否，區分出對於「英雄」和「敵人」二分類的社會認同。在「我英」的故事文本裡，「個性」的影響力早已擴及到制度、法律、教育、經濟等層面，而英雄這一職業早已滲透進「個性社會」，成爲該體制機器運作的一部分。無論英雄自身當英雄的動機爲何，英雄這一職業已構成複雜的利益關係網，散發著濃厚的資本主義氣息。因此，該作品也有探討到：當英雄們被問到究竟是爲了什麼選擇這個職業時，不可避免的會回答：「爲了錢。」溫飽肚子是人的基本生理需求，而賺錢換取食物是一個人在社會生存的必要之道。英雄冒著生命風險保護民衆，與危險分子作戰，自然也能賺到高報酬的薪水。

　　事實上，「我英」裡的女主角麗日御茶子，其當英雄的動機也是因爲看爸媽每天工作很辛苦，所以想要當英雄賺錢，以分擔家庭的負擔。然而，金錢雖然是一種現實，但卻不影響一個人想當英雄的理想，特別是那些還不用進入社會的少年少女們，不容易被金錢蠱惑，還保持想當英雄的初衷。在漫畫第 323 話，歐爾麥特退休後，原本由他一手維持的和平逐漸支離破碎，「超常解放戰線」的行動越加猖狂，向英雄方發起挑戰。綠谷身爲 OFA 繼承者的身分被公諸於世，當人們知道死柄木的目標是綠谷而要對主要大型城市進行無差別攻擊時，便群起撻伐，希望綠谷滾出他們的避難所——雄英高中。面對躁動的群衆，只有御茶子使用自己的個性「無重力」飄向大樓頂部，拿著大聲公喊：「不是的，他爲了不給大家添麻煩自己離開了雄英，將他帶回來的是我們。他的力量，是爲了戰勝 AFO 而誕生的力量。所以才會被盯上，所以不能讓他離開。你們就不能好好看一眼這個最想解決現在的局面，行走在一條都有可能會受到襲擊的危險之路上的人的身影嗎？」

　　在 324 話中，透過麗日的心裡自白，揭示了她想當英雄的眞正

初衷：「我最喜歡看別人開心的表情。父母總是一臉疲憊的樣子，那很不好受。第一次看到英雄活動的時候，我情不自禁地將目光投到了周圍人的表情上，他們那燦爛的笑容與開心的表情。」這裡點出的問題是：當英雄痛苦的時候，有誰能解救英雄？麗日的答案是群眾的笑容能支持痛苦的英雄。民眾因為被拯救，所以用開心的表情看向英雄；當民眾對英雄方失去信心時，卻是無止盡的嫌棄與唾罵，現場那個滿身是泥的英雄（綠谷），又該由誰來拯救？透過大聲公的「未成年主張」，麗日成功安撫民眾不安的情緒，希望民眾給予英雄們時間，待他們拭去身上的泥水，再好好對抗 AFO。想要再度看到那些人的笑容，就唯有自己拯救，所以麗日選擇去當英雄解救另一名英雄。對於渡我被身子，麗日也抱持著想要解救的心情，去拯救她早已破碎的心靈。

　　綠谷出久與死柄木弔、麗日御茶子與渡我被身子、安德瓦與轟燈矢和轟焦凍等不同角色之間的對立關係，自始至終貫穿「我英」的劇情。少年英雄想要連同殺人犯都拯救的浪漫理想，以及中年英雄為了年輕時的自私作為付出代價之殘酷現實形成強烈對比。前者的理想似乎不切實際，但卻是少年漫畫不可缺少的要素，透過浪漫的方式在非現實的場域裡拯救那些「性格扭曲」的角色，是常見的少年漫劇情展開模式，可是又在非現實的場域裡去探討現實的少年漫作品是寥寥可數。英雄在「個性社會」下展現出的是血淋淋的現實，卻又在少年（女）角色的演繹下，透露出他們的初衷與理想：足以證明「我英」的故事除了帶有批判現實的意味，也具備描寫「角色自我內面與近代自我病理」之文學作用。

## 參考文獻

李衣雲（2012）。變形、象徵與符號化的系譜：漫畫的文化研究。新北：稻鄉出版社。

林若慧、陳思伶、黃柏憲（2011）。運動賽事之球迷態度對支持行為的溢出效果 —— 社會認同理論之運用（未出版研究計畫）。嘉義：國立嘉義大學。

楊文金（1998）。從社會認同探討「科學家意象」的意義（續）。科學教育期刊，207，18-22。

Cawelti, John G. (1976). *Adventure, Mystery and Romance : Formula Stories as Art and Popular Culture*. Chicago: University of Chicago Press.

Erikson, Erik H. (1968). *Identity: Youth and Crisis*. New York: W. W. Norton Company.

Hara, H. (2002). Justifications for bullying among Japanese schoolchildren. *Asian Journal of Social Psychology, 5*(3).

Mead, G. H. (1934). *Mind, Self, and Society: From the Standpoint of a Social Behaviorist*. Chicago: University of Chicago Press.

浅野智彦（2013）。「若者」とは何か――アイデンティティの３０年。東京：河出書房新社。

伊藤剛（2014）。テヅカ・イズ・デッド ひらかれたマンガ表現論へ。東京：星海社新書。

井上俊（1971）。青年の文化と生活意識。社会学評論，22（2），31-47。

衛藤安奈（2008）。ロマン主義としての「少年マンガ」にみるニヒリズムと倫理の現在：『進撃の巨人』と『僕のヒーローアカデミア』。日吉紀要人文科学，33。

片瀬一男（2015）。若者の戦後史：軍国少年からロスジェネまで。京都：ミネルヴァ書房。

田嶋一（2016）。＜少年＞と＜青年＞の近代日本―人間形成と教育の社会史。東京：東京大學出版会。

田孝宏、浅岡靖央（2016）。世界文化シリーズ＜別巻＞②マンガ文化５５のキーワード。京都：ミネルヴァ書房。

清水勲（1999）。図説漫画の歴史。東京：河出書房新社。

J.G.カウェルティ（1984）。冒険小説・ミステリー・ロマンス：創作の秘密。東京：研究社。

# 以洛夫克拉夫特式恐怖
# 解析人外 BL 作品《光逝去的夏天》

臺芸綸 *

## 摘要

　　本研究旨在探討漫畫作品《光逝去的夏天》，該作品於 2023 年奪得「這本漫畫眞厲害！男生篇」的第一名。值得注意的是，《光逝去的夏天》在原作者モクモクれん的定位中屬於「人外 BL」，而在商業分類中則被歸爲「非人類／恐怖、怪奇／驚悚、懸疑」。本研究從作品中與洛夫克拉夫特式恐怖相關的視覺語彙及角色的曖昧情感作爲切入點，探討其跨題材的內涵和市場反應。

　　透過梳理《光逝去的夏天》的主要情節、人物角色及其背景設定，以理解其敘事的基礎結構和核心元素，並針對關鍵情節和場景進行詳細解讀，闡明其如何與洛夫克拉夫特的恐怖觀結合，人物角色之間的曖昧情感，則透過依附理論進行分析。

　　最後再以本作得獎之獎項資料與臺灣地區的讀者反應調查，分析本作之市場與讀者反應；期望通過本研究，窺探跨元素作品相互推動，能否漫畫分衆市場帶來新的可能性，並體現漫畫在跨類型交融下的多元化及創新潛力。

## 關鍵字

　　人外 BL、BL 漫畫、洛夫克拉夫特式恐怖、洛氏恐怖

---

* 國立臺南藝術大學 MFA，現爲自由研究員。

## Abstract

    This research explores the manga "The Summer Hikaru Died," which won first place in the 2023 "Kono Manga ga Sugoi! for Boys" rankings. Categorized by its author Mokumokuren as "non-human BL" and commercially as "non-human/horror, supernatural/thriller, suspense," this study examines the Lovecraftian horror elements and ambiguous emotions between characters. The main plot, characters, and settings are outlined to confirm its narrative structure. Key scenes and events are analyzed to show their alignment with Lovecraftian horror themes. A market response survey using a Likert scale gathered Taiwanese readers' reactions to the manga. This research aims to understand how cross-genre elements interact and their potential to bring new possibilities to the segmented manga market, reflecting the diversity and innovative potential of contemporary manga.

## Keywords

    non-human BL, BL, Lovecraftian horror

## 一、緒論

　　觀察近年「這本漫畫眞厲害！男生篇」[01] 可以發現，得獎作品不外乎是青年漫畫、或是與個人成長等相關的內容[02]，但 2023 年「這本漫畫眞厲害 男生篇」卻出現了不一樣的風景，一部畫風偏女性向，並有些 BL 曖昧情愫的作品躍上榜首，這部作品正是《光逝去的夏天》。

　　在漫畫作品的分類上，《光逝去的夏天》不屬於 BL 漫畫，而是被分類成「非人類 / 恐怖、怪奇 / 驚悚、懸疑」[03]，《光逝去的夏天》原本爲モクモクれん老師在 PIXIV 上短篇連載的作品，在商業化後被拔除了 BL 漫畫的分類，モクモクれん老師曾表示：「原本創作這部漫畫時是以人外 BL 爲概念，所以即便商業化後我還是堅稱它是 BL（因爲變成非 BL 會覺得很遺憾）」[04]，因此商業化後仍能在作品裡看見 BL 要素，都得感謝モクモクれん老師的堅持。

　　雖然原作並未將《光逝去的夏天》與洛夫克拉夫特式恐怖直接連結，但從作品中提煉幾個關鍵要素，以及貫穿全篇的「不可名狀的恐懼」，無疑與洛夫克拉夫特式恐怖元素不謀而合，因此本研究旨在探討《光逝去的夏天》如何將流行文化中的洛夫克拉夫特式恐怖與 BL 元素結合，創造獨特的敘事和情感張力，考慮到該作品自 2021 年網絡首發至今尚未完結，本研究將專注於 2022 年至 2023 年間發行的第一至第四卷漫畫內容進行分析，探究漫畫的敘事結構和視覺風格，如何精準地捕捉其如何巧妙地與洛夫克拉夫特式恐怖產生共鳴，並進一步分析這些元素如何影響作品中的 BL 元素。

---

01　《這本漫畫眞厲害！》大賞是由日本出版社寶島社主辦的年度漫畫推薦活動，每年評選出男性與女性讀者最喜愛的漫畫，以推廣優秀的作品聞名。
02　如 2021 年奪冠的《鏈鋸人》、2019 年奪冠的《天國大魔境》與 2017 年的《中間管理錄利根川》等。
03　《光逝去的夏天》於《Young Ace UP》電子雜誌連載，本作在該電子雜誌被分類爲：人外 / ホラー / 怪奇 / ミステリー、サスペンス。
04　「元になった漫画は人外 BL のつもりで描いていたので、商業化した後も BL だと言い張ってるんですが（商業化した後 BL じゃなくなるの悲しいので）」ヤングエース UP の光が死んだ夏って BL 漫画なんですか？. (2022, January 24). Retrieved March 6, 2024, from https://detail.chiebukuro.yahoo.co.jp/qa/question_detail/q12255961887

## 二、文獻回顧

### （一）洛夫克拉夫特式恐怖

洛夫克拉夫特式恐怖（Lovecraftian horror，以下簡稱洛氏恐怖），是一種恐怖文學的流派，因恐怖小說家霍華・菲利普斯・洛夫克拉夫特命名，洛夫克拉夫特自稱，其寫作的主題為「宇宙主義」，其基本概念為：「當我們面對超出我們理解範疇的現象時，感受到的恐懼與敬畏」（Ralickas, 2008）。強調人類對宇宙的認識極其有限，恐懼並不源於血腥或暴力，而是來自於和宇宙中未知力量的接觸，以及此力量挑戰了人類理智所產生的無力感；基於此概念，往後蘊含洛氏恐怖要素的作品中，人類與宇宙相比，生命是相對脆弱且微不足道的（吳冠儀，2017）。

洛夫克拉夫特式恐怖作品的核心要素包括不可名狀的恐懼、具有巨大想像空間的怪物描寫、異事件調查員，以及古老教派；以1925年洛夫克拉夫特發表的作品《克蘇魯的呼喚》為例，邪神克蘇魯首見於此篇作品，而後「克蘇魯」的形象[05]也變成為克蘇魯神話的招牌角色（森瀨繚，2018），克蘇魯的恐懼不僅來自其形象或力量，而更多來自於敘事中所營造的未知與不確定性。在《克蘇魯的呼喚》中，敘述者逐漸揭露克蘇魯崇拜的謎團，隨著情節的發展，越來越多駭人的細節浮現，然而，真正讓讀者感到恐懼的是那些未被直接描述的部分，敘事空白引發了角色與讀者的猜測，並放大了其中的威脅感。這種恐懼來自於人類對未知事物的本能反應——當面對無法理解或熟悉的事物時，人們會感到無助與恐懼，相比於已知的威脅，未知的事物更能激發深層的恐懼，因為人們無法預測或控制它們（吳冠儀，2017）。

---

[05] 克蘇魯是洛夫克拉夫特小說中的一位神祇，擁有章魚頭和烏賊觸手的臉，巨大的鉤爪，和橡膠般的巨體，覆蓋著溼滑鱗片，背上有蝙蝠翼。它沉睡在南太平洋的拉萊耶海底城市，等待群星排列恰當時復活，進而主宰世界。

圖1：調查員發現長眠的克蘇魯 [06]
資料來源：尼爾森式症.（2022）. 授權使用於 2024 年. 取自 https://www.facebook.com/photo/?fbid=501598608638524&set=a.273255878139466

　　根據史蒂芬·金的評論，洛夫克拉夫特「開闢了道路。他的影子籠罩著幾乎所有後來出現的重要恐怖小說」（Wohleber, 1995）。由此可知，洛夫克拉夫特式恐怖在文學界占有獨特而複雜的地位，雖然生前的出版寥寥無幾，但作品卻潛移默化地影響著現代恐怖文學，甚至電影、遊戲、以及更廣泛的流行文化，如許多恐怖電影和漫畫借鑒了洛夫克拉夫特的主題和元素，如《異形》系列、《血源詛咒》等，洛氏恐怖激發了對人類存在意義和地位的哲學思考，挑戰了人類中心主義的觀點，引發了關於認知、存在和人類智慧局限性的討論。

---

[06] "Ph'nglui mglw'nafh Cthulhu R'lyeh wgah'nagl fhtagn!"，「在遙遠的拉萊耶，沉睡的克蘇魯正在夢中等待。」這句話來自洛氏創造的虛構語言，為祭祀克蘇魯時最常用的咒語。

## （二）BL 文化發展概述

　　Boy's Love，簡稱 BL，意旨以男男戀愛為主題的作品，對 BL 而言不變且必要的元素為「男男間的戀愛或強烈羈絆」，漫畫文化論研究者藤本由里香將 BL 的發展分為四個階段：少年愛、JUNE( 耽美 )、YAOI 與 BL（商業），第一階段始於 1970 年代，1970 年竹宮惠子在《別冊少女 Comic》的連載〈雪與星星與天使……〉，被視為少女漫畫中第一次有意識地描繪少年愛；1978 年漫畫月刊《JUNE》，在少年愛主題受到市場強烈迴響的背景下創刊，《JUNE》不僅是單純的漫畫月刊，更在當時的社會文化中作為少年愛作品的主要平台，提供了豐富的交流機會，《JUNE》包含了電影資訊、文學介紹、讀者投稿等內容，讀者也可以在投稿中介紹自己的同人社團，值得一提的是《JUNE》和漫畫同人誌有著密不可分的關係，兩者幾乎共用著相同的作者（石田美紀，2024）。

　　1980 年代，同人圈以自嘲式的以「YAOI」一詞，評價自己的作品。藤本由香里（2024）指出，「YAOI」意指「沒有高潮、沒有結尾、沒有意義」（ヤマなし、オチなし、イミなし），YAOI 一詞最初不單指男男二次創作，而是泛指一般同人作品沒有高潮迭起又無意義的自嘲（藤本由里香，2024）。直到 1980 年代後期，在同人販售會 Comic Market，出現大量描寫《足球小將翼》、《聖鬥士星矢》的男男戀愛作品，如樫尾亞季的《足球小將翼》同人誌《リリス》，以及同人社團「夜孃帝国」創作的《聖鬥士星矢》系列二創（辰巳出版，1992），YAOI 的意涵才逐漸隨之改變；YAOI 作品中的男男有著明確的攻與受分別，這與少年愛或是 JUNE 系不同，少年愛或是 JUNE 系的作品，兩位主角在外型上不會有明顯的體格、氣質差別，但在 YAOI，即便是同年齡的男男主角，在外型上仍有一方會趨於陽剛，另一方陰柔（西原麻里，2024）。

　　隨著 YAOI 的聲勢迅速增長，1990 年代的商業出版看準市場潛力並積極拓展商機，開始邀請同人誌作家們連載原創的男男戀商業誌；1991 年白夜書坊創刊《Image》雜誌，並在封面標上「Boy's

Love Comic」，這被視爲「Boy's Love」一詞首次登上商業誌封面，而 Boy's Love 的用法開始普及，則可以追溯至 1994 年，由漫畫情報誌《Pafu》企劃的新人作家特輯「Boy's Love New Wave」，此特輯在 1994 年至 1999 年間，共推出了 3 回，且將 Boy's Love 類型定位爲「與所謂『少年愛』、『耽美』不同，嶄新的漫畫＆小說」，自此 Boy's Love（BL）才眞正普及（西原麻里，2024）。

女性向、描寫男男間戀愛的 BL，作為作品類型在 1990 年代確立，而進到 2000 年代，由於網路的普及，對男男之間戀愛作品的創作與討論急速增加，有別於 2000 年代前，只能在紙本交流發表的環境，現在的創作者與讀者透過 X[07]、Pixiv 等平台發表創作與討論作品（堀亞紀子、守如子，2024），也因此間接讓 YAOI、BL 等作品，透過網路走出國際，創作者與讀者在網路上不分國界地交流，而 2000 年代後，創作者在 YAOI、商業 BL 誌與一般向創作等跨媒體、跨領域刊載創作的現象，也比 1980 年代更加普遍，如連載於商業 BL 漫畫雜誌《Dear+》的《GIVEN 被贈與的未來》作者キヅナツキ，化名「ぐさり」活躍於 YAOI 創作領域；Canna Comics 出版的人外商業 BL 作品《MADK》的作者硯遼，也以另一個筆名「墨佳遼」繪製一般向漫畫《人馬》和《蟬法師》。

除了跨媒體、跨領域刊載的創作增加外，在 2010 年代，BL 似乎也跨出市場，進入大眾視野，2016 年在朝日電視台製播的動畫《YURI!!! On ICE》取得了全球性的成功，2018 年同樣由朝日電視台製播的連續劇《大叔的愛》，播出後大受歡迎，並在 2019 年推出電影版《大叔的愛 LOVE or DEAD》與第二季《大叔的愛 in the sky》，2024 年推出第三季《大叔的愛－ Returns》，豐田悠連載於ガンガン pixiv 的漫畫《如果 30 歲還是處男，似乎就能成為魔法師》於 2020 改編成電視劇、2022 改編電影上影，並於 2024 年推出動畫，這些案例都體現了，BL 作品在多媒體領域的擴展，以及流行文化對男男愛題材的逐漸接受。

---

07　原 Twitter，於 2023 年由當時執行長伊隆・馬斯克改名為「X」。

## 三、文本分析

### （一）內容概述

　　《光逝去的夏天》作者爲モクモクれん老師，其故事發生在一個名爲「希望山丘」的虛構鄉村，這個鄉村的原型爲於モクモクれん老師祖母的家，位於三重縣的山間，位置獨特，好似山與海的分界處那樣的狹窄聚落。故事描繪了主角佳紀和他的青梅竹馬光，高中某個年級的夏天，光在山中神秘失蹤了整整一周，當「光」再次回來時，佳紀察覺到他似乎發生了變化——不再是那個熟悉的光，而是被某種未知的存在取代了；同一時間，村落裡開始發生連續的不明命案。

　　作品一開始便揭示了現在的「光」帶有非人類的徵兆。這一點從他將日語發音的「拷問」（ごうもん）誤說成「肛門」（こうもん）中顯露無遺，佳紀藉此拋出了「你不是光吧？」的疑問，從而開門見山地揭示了「光」已非人類的眞相。而被替換後的「光」自稱是「亂七八糟的怪物」，雖然擁有光的記憶，卻缺乏光的親身體驗。對佳紀而言，眼前這個與青梅竹馬長得一模一樣的人，雖然外貌相同，卻散發著難以言喻的違和感與恐懼，性格和行爲完全不同，且「光」的生死觀與人類完全不同，但在「光」想繼續留在佳紀身邊，因而開始理解生命。

　　隨著故事進展，讀者得知這個寄宿於「光」屍體內的不明存在被村民稱作「取腦」，似乎是種源自於詭異且莫名的宗教獻祭儀式的村子業障，儘管佳紀和「光」已展開調查，「取腦」的眞實身分，以目前的連載進度而言仍舊是個謎。[08]

　　故事的關鍵轉折點發生在佳紀開始理解「光」的本質，並進一步與它融合之時，透過佳紀將手伸進「光」的體內這一行爲，象徵著作爲普通人的佳紀踏入了未知的領域，隨著劇情發展，佳紀逐漸與未知存在融合，並引來更多類似的存在，最終逐步陷入瘋狂，即便如此，佳紀仍與「光」以及在調查的過程中越陷越深。

---

08　截止 2024 年 1 月發行的《光逝去的夏天》內容進度。

## （二）BL 要素分析

　　回顧相關文獻可以發現，BL 作品的核心特徵在於其以男男戀愛為主題，而「男男間的戀愛或強烈的羈絆」則是這類作品中不可或缺的元素，而在《光逝去的夏天》中，第一話，便開門見山地清楚交代兩位主角的關係，佳紀與光是青梅竹馬，但在光失蹤再次回歸後，佳紀發現眼前這位與青梅竹馬擁有相同面孔的存在似乎不是原來的光，於是問出「你不是光吧？」以提問的方式揭開了本作的主題——圍繞著兩位少年羈絆的懸疑故事；透過佳紀對「光」的異樣提問，間接展現出他對青梅竹馬玩伴的深刻了解，並因此察覺到眼前的「光」可能並非他所熟悉的故人。

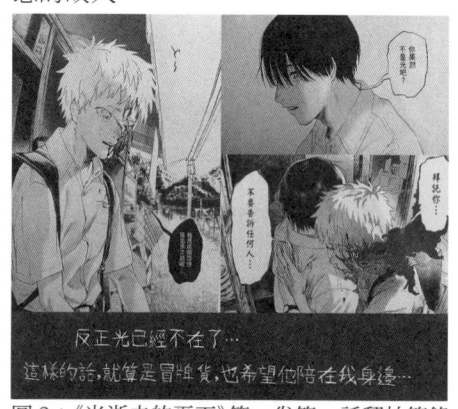

圖 2：《光逝去的夏天》第一卷第一話翻拍節錄。
資料來源：モクモクれん（2023）。光逝去的夏天 2（咖比獸譯）。臺北：台灣角川。

　　同一話中，非人類的「光」也向佳紀坦露自己的非人身分，此外，同一話中的「光」調戲了佳紀，這一行為的動機對讀者而言尚不明確，無論這是基於體內記憶對「光」影響，還是單純作為男高中生之間的玩笑，無論原因為何都反映出兩位男高中生之間的深厚羈絆。

　　從接下來的劇情中，讀者可以發現，這對少年的情感並不是作為吸引讀者目光的刻意為之，而是與劇情相關的安排，以第四話的名場面為例，這一話是佳紀作為人類，第一次與非人的「光」進行「肉體

接觸」，透過這次的接觸，讀者與佳紀一起一步步地窺視「光」的體內，而佳紀的反應猶如偷食禁果的少年，抱著既好奇又惶恐的心情，更深入探索「光」的身體，「光」的外表與一般人類無異，但體內卻是無法描述的混沌，「光」對於佳紀把手伸入自己體內的攪動也表示出了「很舒服」、「沒有人觸摸過這個地方」，隻字未提性，也沒有描寫性器官，但從這一話佳紀與「光」的互動裡，讀者能明顯感受到性的氛圍。

圖3：《光逝去的夏天》第一卷第四話翻拍節錄。
資料來源：モクモクれん（2023）。光逝去的夏天2（咖比獸譯）。臺北：台灣角川。

　　兩位少年的間的 BL 情愫，並非曇花一現，而是隨著劇情推進展現出更豐富的情感面向，第七話中，佳紀明顯認知到「光」是危險的存在，但卻放不下他，萌生出「總覺得很可憐」、「得由我來教」等充滿責任感的念頭。

圖4：《光逝去的夏天》第二卷第七話翻拍節錄。
資料來源：モクモクれん（2023）。光逝去的夏天2（咖比獸譯）。臺北：台灣角川。

第十六話,「光」非人的身分可能被佳紀以外的第三者——同班同學朝子發現,因此「光」襲擊了朝子,這一行為讓佳紀深刻的意識到「光」對生命的價值觀不同於人類,且篤定眼前的非人存在是危險的,但佳紀選擇的做法不是離開「光」,而是透過殺了「光」,失敗就同歸於盡的念頭,妄想教導「光」何謂生命,本話的刺殺失敗,也讓「光」意識到自己對生命的輕視,並把身體中「一半的內在」託付給佳紀。

圖5:《光逝去的夏天》第三卷第十六話翻拍節錄。
資料來源:モクモクれん(2023)。光逝去的夏天2(咖比獸譯)。臺北:台灣角川。

　　從上述情節與對話中,可得知《光逝去的夏天》在商業分類上雖非BL漫畫,但角色關係與情節設計符合BL漫畫的核心「男男之間的強烈羈絆」,佳紀與「光」的羈絆,不單純是吸引專門群眾的刻意為之,而是懸疑、驚悚故事背景設定下,不可或缺羈絆;佳紀深入「光」的身體,讀者跟著佳紀徹底明白「光」的確已經被替換成非人,「光」因為不想被發現、不想離開佳紀等理由,襲擊了朝子,讓讀者確實感受到「光」真的是危險、超越人類知識的存在。

(三)洛氏恐怖的體現

　　表面上,《光逝去的夏天》似乎為日本典型的鄉野怪談,然而在進一步探索之後,便可發現其潛藏著洛氏恐怖元素,最初,可能讓人將此作與洛氏恐怖聯系起來的,是對於那些未知之物的視覺呈現,《光

逝去的夏天》中，作者モクモクれん以其獨特的視覺手法將恐怖與自然元素相結合，進一步強化了作品超自然且混沌的氛圍，第六話的跨頁（圖7），モクモクれん老師使用了拼貼的手法，將不同素材整合並加以變形，創造出混沌且生動的效果，甚至混製了家中飼養的狗的臉，以增加畫面的詭異感。[09]

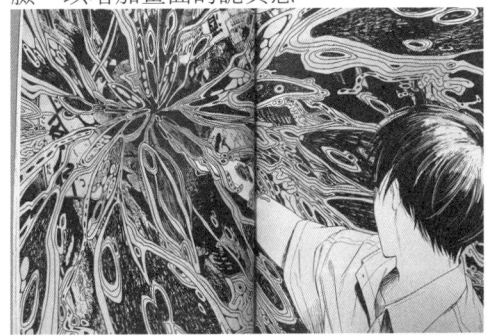

圖6：《光逝去的夏天》第一卷第六話翻拍節錄。
資料來源：モクモクれん（2023）。光逝去的夏天2（咖比獸譯）。臺北：台灣角川。

第四話中，佳紀將手伸入光的體內時，所呈現的視覺效果則運用了碎形結構的概念，例如花椰菜和葉脈，以及排列成三角形的「謝爾賓斯基地毯」（圖7），モクモクれん老師認為「無論放大多少次，依然可以看到相同的形狀，這種無底的感覺真的很不安，有點危險」，這些圖像自然地存在於日常生活中，同時也具有一種超越自然的神秘感，碎形結構無限延伸的特質，賦予了畫面無底線的混沌感，且意外地與洛氏恐怖微妙的對稱，視覺元素的應用不僅使作品在表現洛氏恐怖時更加生動。

圖7：《光逝去的夏天》第一卷第四話翻拍節錄，光體內呈現的混沌。
資料來源：モクモクれん（2023）。光逝去的夏天2（咖比獸譯）。臺北：台灣角川。

---

09　モクモクれん老師於《2023年 這本漫畫真厲害！》，男性部門第一名的訪談中提及。

除視覺元素意外地與洛氏恐怖呼應外，接著將從故事結構分析劇情中的核心要素，是否與契合洛氏恐怖的定義。

洛夫克拉夫特式恐怖的幾個關鍵特點包括對宇宙中超乎理解的未知恐懼、人類的渺小、不可名狀的生物以及對古老神秘信仰的描繪。以下是《光逝去的夏天》與這些要素的比對：

1. 宇宙主義：《光逝去的夏天》中，佳紀面對被不明存在替換的「光」，以及村民面對連續發生的不明命案，體現了人類理解範疇之外的未知恐懼。而「光」被某種未知存在取代的設定，體現了世界觀中存在超越人類理解的生命形式，與洛氏恐怖中的宇宙主義觀點相契合。
2. 人類的渺小與無力：故事通過描繪佳紀與替換了「光」的未知存在的接觸，展現了普通人在面對未知力量時的無力感，佳紀卽便發現了眼前的「光」不再是光，也無法改變這一既定事實，反而在理解「光」的過程中，逐步被未知存在同化，進一步體現了洛氏恐怖的這一核心要素。
3. 不可名狀的恐懼：「取腦」與其他不可知的存在，以及它背後可能隱藏的宗教獻祭儀式，雖然未完全揭露，但這種源自未知的、與人類理解相悖的存在，與洛氏恐怖中常見的不可名狀之物吻合，不可名狀之物的恐怖不僅僅源自其外形，更因爲它們所代表的未知和超自然力量，而讓人感到恐懼。
4. 古老且神祕的信仰：目前的劇情中並未直接描寫典型的古老教派或信仰，但「取腦」和它所涉及的獻祭儀式元素，暗示了存在於故事中虛構地點「希望山丘」深層的、與古老未知力量相關的信仰。

綜上所述，《光逝去的夏天》的確蘊含了洛氏式恐怖的核心元素，通過創造一個充滿未知與不可名狀的存在的故事背景，以及展現普通人在面對、調查這些超乎理解的力量時的無力，雖然故事的設置和展開方式與洛夫克拉夫特的作品並不相同，然而，《光逝去的夏天》也在這些傳統主題上加入了獨特的創新和詮釋，使其成爲一部既符合又超越洛氏恐怖範疇的作品。

在《光逝去的夏天》中，作者借助同學們討論「沼男（Swampman）」這一哲學思想實驗場景，向讀者揭示了「光」的目前狀態；Davidson（1987）提出了「沼男」的思想實驗，以探討語言、意識和身分問題。實驗中假設，Davidson在沼澤中被雷擊並立刻蒸發，意外發生的同時產生了Davidson的複製品，儘管外觀和行為相同，卻無法擁有原本的心靈狀態，因為複製品缺乏過去的經驗和記憶（Davidson, 1987）；此思想實驗引發了關於經驗如何影響個體的心靈狀態、記憶與意識、身分和真實自我等深層議題的討論。

　　雖然沼男與洛夫克拉夫特式恐怖沒有直接關係，前者關注哲學和認知問題，後者是描述超自然恐怖、宇宙恐怖主義和人類認知局限的文學流派，但二者在探索認知局限性和身分不確定性主題上存在相似性，洛氏恐怖展示的是人類面對不可理解力量時的渺小和無力，與沼男實驗中個體對自我認同的困惑及對周圍世界不適應的隱喻有精神上的共鳴；或許能藉此聯繫來理解，以不知名物的視角而言，在他進入光的屍體成為「光」之後，甚至連自己為何物也不清楚，只是茫然地感覺沒有容身之處，也就是說「光」正在經歷對自我存在的未知恐懼，也因此他對佳紀產生了更深的依賴感。

　　《光逝去的夏天》蘊含著洛氏恐怖的核心要素與氛圍，其敘事的精髓在於將恐怖與超越友誼的羈絆交織在一起，洛氏恐怖傳達出來的懸疑驚悚，加上佳紀與「光」的情愫，巧妙地平衡了兩者，讓讀者在閱讀時產生類似的心跳感；不知名之物的生死觀雖然與人類的不同，但這種異質性在「光」進入佳紀的生活後發生了轉變，原本可能與洛夫克拉夫特筆下怪物相似的「光」，因為對佳紀的深情而逐漸開始理解生命的意義，並試圖在人類社會中找到歸屬。或許對「光」來說，人類社會才是「不可名狀」的存在，「光」對佳紀的強烈羈絆，使得它改變了自身的本質，相應地，佳紀也在逐步接近非人且不知名的存在，《光逝去的夏天》以獨特的敘事方式，成功地呈現了這兩種情感力量的對稱與互動。

## （三）情感探討

　　《光逝去的夏天》在台灣出版後被分類為 18 禁，但從劇情描寫中能猜測出被分類為 18 禁的原因不在於性描寫，而是在於作品描繪的未知生物形象帶來的肉體恐懼，以及連續發生村莊命案所帶來的恐怖氛圍[10]。BL 元素主要透過主角間微妙的情感交織來展現，以下藉由依附理論（attachment theory）探討佳紀、光與歸來的非人「光」彼此的依附型態。

　　依附理論最初由 John Bowlby（1969）提出，旨在探討嬰幼兒與主要照顧者之間的情感連結，以及這種依附關係如何影響個體的情感發展。Bowlby 認為，嬰幼兒在面對壓力或不安時，會尋求照顧者的保護，並通過這一過程建立對自我、他人及外界的內在運作模式（internal working model）[11]；Cindy Hazan 與 Phillip Shaver（1987）將依附理論延伸至成人浪漫關係的領域，提出成人的愛情依附模式與嬰幼兒期的依附行為具有高度相似性，早期與照顧者的依附經驗對個體在成人情感關係中的依附傾向起著重要作用；根據心理學家凱莉・布倫南（Kelly Brennan）等人的研究發現，依附傾向其實可以分成 2 x 2 的四個向度，其中一軸是焦慮向度，另一軸則是逃避向度（龔佑霖，2016），安全型依附的人通常在情感上感到穩定，並能夠與伴侶建立信任和親密關係；迴避型則傾向於在情感上保持距離，避免過度依賴他人；焦慮型的人在關係中常常表現出不安全感，對親密關係充滿不安和擔憂；而防衛型則結合了焦慮和迴避的特徵，這類個體對他人既渴望親密，又害怕過於依賴。

---

10　根據中華民國行政院新聞局所頒布的《出版品及錄影節目帶分級管理辦法》，出版品被列為 18 禁的原因是內容可能對兒童及少年的身心健康產生不良影響。若出版品中過當描述犯罪行為、自殺過程、性行為或裸露，以及恐怖、血腥、殘暴或變態情節，則會被列為 18 禁。

11　內在運作模式（Internal Working Model）是依附理論的重要概念，指的是個體在早期與主要照顧者的互動經驗中，逐漸內化形成對自我、他人及世界的認知與信念系統，內在運作模式會影響個體對自身價值、他人可靠性及周圍環境的基本信任與期待。

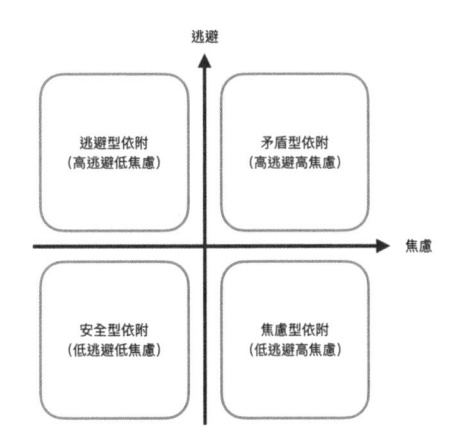

圖8：四種不同依附類型向度圖。
資料來源：作者自製。

在此作品中，佳紀對於光與「光」展現出的情感差異，揭示了人類情感依附的複雜性。對光，佳紀的情感更多是基於友愛與依賴；而對「光」，則融合了恐懼、原始慾望及責任感，並最終轉化為一種無私的利他愛——即使自我受損或捨棄一切也在所不惜。

圖9：第三卷第十六話翻拍節錄，佳紀對「光」利他的情感表現。
資料來源：モクモクれん（2024）。光逝去的夏天3（咖比獸譯）。臺北：台灣角川。

佳紀對光的情感可歸類為安全型依附，他尋求光的支持和安慰，並將光視為安全的避風港，這種關係基於信任和穩定，佳紀在與光的互動中感受到了安全感和被接納。

相對於光，佳紀與「光」之間的關係則更加複雜，並有著矛盾型依附的特徵，佳紀對「光」的情感混雜了恐懼、原始慾望與責任感，既想逃避眼前不知名的存在，又感到不能放任不管，必須教育、照顧

「光」，甚至逐漸被吸引。

　　「光」對佳紀的依附則明顯為焦慮型依附，他高度的依賴性、強烈希望留在佳紀身邊，並且經常以尋求確認和自我犧牲的方式，減少自己對於被拋棄的恐懼。

圖 10：第一卷第二話翻拍節錄，試圖討好佳紀的「光」。
資料來源：モクモクれん（2024）。光逝去的夏天 2（咖比獸譯）。臺北：台灣角川。

　　透過依附理論剖析佳紀、光與「光」之間的情感關係，展現了青少年複雜且曖昧的情感，披在恐怖奇幻作品的外皮下，實則為超越血腥 18 禁標籤的曖昧，展現了人類深層的情感依附與心理動態。佳紀與光的安全型依附、佳紀與「光」間的矛盾型依附，以及「光」對佳紀的焦慮型依附，共同構成了這部作品情感層面的核心，進一步豐富了 BL 元素的深度與面向。

## 四、文化影響與市場反應

　　本作以其獨特的敘事和元素脫穎而出，在奇幻恐怖類作品中罕見地描繪了同性青梅竹馬之間的曖昧情感，儘管商業連載之後，並沒有將其分類在 BL，但作者仍然堅持初衷，在故事中融入深刻的同性愛情感，此策略豐富了懸疑驚悚以及 BL 作品的多樣性，並且能有效吸引更廣泛的讀者群，以下將針對市場獎項以及臺灣地區讀者反應調查，從旁驗證此作品之受歡迎與獨特之處。

《光逝去的夏天》的受歡迎程度在連載的早期就已受到認可，不僅在 2022 年的「下一部人氣漫畫大賞 2022」[12]中榮獲 Web 漫畫部門第 11 名及海外歡迎特別獎，緊接著被評為「這本漫畫真厲害！2023」男性篇的第一名，這反映了其廣泛的讀者基礎和評論界的肯定。此外，該作品在「2023 年全國書店店員推薦漫畫」[13]中名列第 5，以及在「漫畫大賞 2023」[14]和「第 7 屆大家選的蔦屋漫畫大獎」[15]的顯著排名，皆證明了本作受歡迎程度和專業讀者的認可。

　　在眾多獎項中，最令人意外的便是榮獲「這本漫畫真厲害！2023」男性篇第一名的殊榮；《這本漫畫真厲害！》由寶島社出版，最早的雛形可以追溯至 1996 年發行的《別冊寶島 突然的最終回》系列，1997 年延續了此系列，出版了《別冊寶島 這本漫畫真了不起！》，進一步確立了其導覽書的結構和定位。然而，在 1998 年至 2004 年間，此系列未有定期出版，直到 2005 年，當時的《這部電影真厲害！》主編天野由衣子與負責漫畫類書籍的伊熊恆介（奈良崎コロスケ）攜手主導，重新推出《這本漫畫真厲害！》，並開始以年度形式定期發行，值得一提的是，1996 年和 1997 年的雛形版本尚未區分男性篇與女性篇，這種分類方式自 2005 年後才正式導入，並延續至今。

　　「這本漫畫真厲害！」獎項的評選機制以投票為基礎，參與評選的人數約為 70 至 200 人，包括漫畫研究會成員、書店員、作家、插畫家、編輯、評論家等專業人士，此外，除文化工作者外，國小、國中學生以及漫畫專門學校的學生亦參與評選過程。評選範圍涵蓋前一年 10 月 1 日至當年 9 月 30 日期間發行的單行本，投票參與者需從中選出五部最推薦的作品進行排名，並按照 1 位 10 分、2 位 9 分、3 位 8 分、4 位 7 分、5 位 6 分的方式計算總排名。

---

12　源自 2014 年，由 niconico 和角川發行的《DA VINCI》雜誌共同舉辦的企劃活動，目標不是推廣已經熱賣的漫畫，而是發掘和介紹「接下來可能會流行的漫畫」，其獎項分為「漫畫部門」和「Web 漫畫部門」兩個部分。
13　日本出版販賣主辦的日本漫畫獎，皆由第一線的書店銷售店員選出最推薦的漫畫，達到向一般讀者推廣、宣傳的目的。
14　漫畫大賞由漫畫大賞執行委員會每年主辦一次，第一回頒布於 2008 年 3 月。
15　大家選的蔦屋漫畫大獎，是由大型連鎖書店「蔦屋」主辦的漫畫獎項。該獎項完全通過用戶投票來決定下一個將會大受歡迎的作品，作品參與條件設定為 5 冊以內、未完結。

回顧 2006 年至 2024 年「這本漫畫真厲害！男性篇」的榜單，可以觀察到，含有 BL 情感元素的作品並非首次進入此榜單，根據「このマンガがすごい！」（2016）的紀錄，吉永史老師的作品《昨日的美食》在 2009 年以 73 點評分獲得第六名，而 2023 年排名第一的《光逝去的夏天》則獲得了 136 點積分（このマンガがすごい！WEB, 2023），這一現象或許反映了從 2010 年代至 2020 年代的這十年間，BL 作品逐漸走出原有的讀者圈，並日益獲得大眾接受。

《光逝去的夏天》融合了洛氏恐怖的懸疑驚悚元素以及 BL 題材，而在「這本漫畫真厲害！2023」榜單公布當天，BL 漫畫情報網站「ちるちる」隨即發表文章，祝賀《光逝去的夏天》獲得男性向漫畫部門的第一名（ちるちる，2022），並特別提及モクモクれん老師在 2022 年 3 月第一集發售時所接受的「ちるちる」專訪，在這篇訪談中，其中一個問題為「成為 BL 漫畫家的動機」（ちるちる，2022），這些線索表明，儘管角川出版社在作品分類上，並未將《光逝去的夏天》歸類為 BL 漫畫，但從モクモクれん老師的自我定位及市場認同的角度來看，該作品確實可被視為 BL 漫畫。由此推測，角川出版社在如何分類《光逝去的夏天》時，進行了細緻的市場考量。

以近幾年熱門的 BL 作品判斷，市場看待作品的角度相較以往似乎更加多元，以熱門 BL 漫畫《如果 30 歲還是處男，似乎就能成為魔法師》為例，主角安達在 30 歲生日那天，仍是處男之身，因此獲得魔法，故事就此開啟，《如果 30 歲還是處男，似乎就能成為魔法師》淡化了「男男戀愛」這一核心元素，不刻意強調性別，專注在「戀愛」本身，溫和而自然描寫兩位主角的情感，甚至連許多對 BL 題材較為排斥的觀眾都一頭栽進這個既奇幻又寫實的愛情故事中（吳思恩，2020）；自 2007 年便開始連載的漫畫《昨日的美食》，於 2019 年改編電視劇收穫不少好評，與《如果 30 歲還是處男，似乎就能成為魔法師》相同的是，《昨日的美食》不刻意強調主角兩人的同志身分，而是專注在談「生活」，談親密關係中會遇到的考驗與生活默契；上述兩部作品與《光逝去的夏天》之間的共同點在於，它們的核心主題並非直接聚焦於男性之間的情感關係，而是另有敘事主軸，男性間的情愫在

這些作品中並未被刻意凸顯，而是通過自然流露的方式融入故事情節之中，並成為與主題緊密交織且不可分割的重要元素。

## 五、結論

《光逝去的夏天》在敘事結構和主題內容上，表面上看似一部典型的鄉野怪談，從視覺效果和劇情核心要素來看，它確實符合洛氏恐怖的特徵，甚至佳紀與「光」之間的情感也能與洛氏恐怖的氛圍相契合。或許出於商業考量，這部作品並未被明確分類為 BL 漫畫，但通過對情節的分析和脈絡的梳理，可以清楚地看出，《光逝去的夏天》確實可以歸入 BL 漫畫的範疇。

該作品能夠在漫畫市場中脫穎而出，並獲得「這本漫畫真厲害！2023」男性篇第一名，與其獨特的敘事方式及元素密不可分。《光逝去的夏天》巧妙地將懸疑驚悚與男男間超越友誼的羈絆結合，形成了一種新的敘事風格，儘管在商業化後並未被歸類為 BL 漫畫，但作者モクモクれん老師在創作中堅持描寫佳紀與「光」的深刻情感，BL 情愫在劇情中為重要的推進力，並非「為寫而寫」，因此能夠成為故事結構中不可或缺的重要部分。這種策略不僅豐富了懸疑驚悚及 BL 作品的多樣性，更成功吸引了更為廣泛的讀者群體，而市場的變遷和讀者群的擴展，可得知當代觀眾對 BL 作品在主題表達和情感處理上的接受度趨於多元化，《光逝去的夏天》成功地契合了這一趨勢，也反映了市場對於 BL 作品的日益開放和接受。

本研究撰寫的同時，《光逝去的夏天》宣佈了動畫化的消息，在此恭喜《光逝去的夏天》與モクモクれん老師，期待未來本作能引發更廣泛的討論，特別是在跨文化研究領域以及動畫化後的市場迴響，同時也期許著，更多內容豐富的 BL 題材作品進入主流視野，讓角色的性傾向不再成為讀者探索好故事的障礙。

## 參考文獻

堀亜紀子、守如子（2024）。BL 教科書（李雨青譯）。臺北：大塊文化。（原著出版於 2024 年）

藤本由香里（2024）。少年愛・JUNE／YAOI・BL ——各名稱的成立與發展。在載於堀亜紀子、守如子（主編），BL 教科書（頁 02-18）。臺北：大塊文化。

石田美紀（2024）。少年愛與耽美的誕生—— 1970 年代的雜誌媒體。在堀亜紀子、守如子（主編），BL 教科書（頁 19-35）。臺北：大塊文化。

西原麻里（2024）。同人誌與雜誌創刊熱潮，以及「Boy's Love」成爲類型—— 1980 年代-1990 年代。在堀亜紀子、守如子（主編），BL 教科書（頁 41-56）。臺北：大塊文化。

堀亜紀子、守如子（2024）。BL 的滲透與深化，擴大與多樣化—— 2000 年代-2010 年代。在堀亜紀子、守如子（主編），BL 教科書（頁 57-76）。臺北：大塊文化。

モクモクれん（2023）。光逝去的夏天 1（咖比獸譯）。臺北：台灣角川。（原著出版於 2023 年）

モクモクれん（2023）。光逝去的夏天 2（咖比獸譯）。臺北：台灣角川。（原著出版於 2023 年）

モクモクれん（2024）。光逝去的夏天 3（咖比獸譯）。臺北：台灣角川。（原著出版於 2024 年）

モクモクれん（2024）。光が死んだ夏 4。東京：株式会社 KADOKAWA。

森瀨繚（2018）。克蘇魯神話事典：暗黑神話大系、邪崇諸神、異形生物、舊神眾神、禁忌之物、恐怖所在之 110 項必備知識（王書銘譯）。臺北：奇幻基地。（原著出版於 2015 年）

辰巳出版（1992, June）「キャプテン翼」以降の女性アニパロ史。st.rim.or.jp。
http://www.st.rim.or.jp/~nmisaki/works1/parohistory.html

板倉君枝（2023, June 28）。不斷進化、深化的 BL 文化：從《風與木之詩》到《昨日的美食》，男子愛可以改變世界嗎？。Nippon.com。
https://www.nippon.com/hk/in-depth/d00607/

張資敏（2022, January 21）。影視作品中的 BL 文化：社會對「男男戀」的印象正逐漸扭轉，這是具有潛力的產業。The News Lens。
https://www.thenewslens.com/article/161524

陳雅璇（2020）。你／妳是腐男腐女嗎？──以社會文化性閱聽人分析看台灣 BL 網路劇閱聽人。2019 數位傳播賽博光廊暨飆心立藝學術研討暨作品發表會論文集（頁 03-04）。新北：國立臺灣藝術大學。

葉子菱（2024）。親密焦慮的探索、覺察與改變：一位成年初顯期女性的自我敘說（未出版博碩士論文）。臺北：國立臺灣師範大學。

吳冠儀（2017）。從超自然哲學到後人類恐怖：H. P. 洛夫克拉夫特克蘇魯神話文化研究（未出版博碩士論文）。臺北：國立臺灣師範大學。

Wohleber, C. (1995, December). *The man who can scare Stephen King*. American Heritage.

https://www.americanheritage.com/man-who-can-scare-stephen-king

ぶどううり・くすこ. (2016, March 22). ボーイズラブ回顧年表：ぶどううり・くすこ文責【20160322 版】.

https://bllogia.files.wordpress.com/2016/03/blchronicle_20160322.pdf

ヤングエース UP の光が死んだ夏って BL 漫画なんですか？. (2022, January 24).

https://detail.chiebukuro.yahoo.co.jp/qa/question_detail/q12255961887

【公式発表！】歴代『このマンガがすごい！』ランクイン作品を総まとめ!!【2009 年・2010 年・2011 年・2012 年】. (2016, December 8). このマンガがすごい！konomanga.jp.

https://konomanga.jp/special/87235-2

『このマンガがすごい！2023』今年のランキング TOP10 を大公開!!【公式発表】. (2022, December 12). このマンガがすごい！konomanga.jp.

https://konomanga.jp/special/145771-2

『光が死んだ夏』が「このマンガがすごい！2023」でオトコ編 1 位を獲得！. (2022, December 12). chil-chil.net.

https://blnews.chil-chil.net/newsDetail/32700/

モクモクれん先生インタビュー 不憫な DK と幼馴染の姿をしたナニカ、ひと夏の青春が始まる…初コミックス『光が死んだ夏 (1)』. (2022, March 4). chil-chil.net.

https://www.chil-chil.net/compNewsDetail/k/801authors108/no/29239/

吳思恩（2020, December 1）。被愛的你敢愛人嗎？既奇幻又寫實的《如果30歲還是處男，似乎就能成為魔法師》。filmaholic.tw。https://filmaholic.tw/series/5fc4fb04fd8978000178699d/

貓心（龔佑霖）（2016, September 23）。依附理論的起源：我們為什麼會依賴別人——依附理論系列（一）。pansci.asia。https://pansci.asia/archives/99774

貓心（龔佑霖）（2016, July 15）。依附傾向：我對你的依附沒有絕對分類——依附理論系列（二）。pansci.asia。https://pansci.asia/archives/99789

ちゃんめい. (2022, December 31). 『光が死んだ夏』モクモクれん先生再登場　『このマンガがすごい！2023』オトコ編1位を獲得した今思う、Webマンガの現在地. RealSound. https://realsound.jp/book/2022/12/post-1223263.html

Ralickas, V. (2008). Cosmic horror and the question of the sublime in Lovecraft. *Journal of the Fantastic in the Arts, 18*(3).

Davidson, D. (1987). Knowing One's Own Mind. *Proceedings and Addresses of the American Philosophical Association, 60*(3), 441-458.

Bowlby, J. (1969). *Attachment and loss: Vol. 1. Attachment*. Basic Books.

Hazan, C., & Shaver, P. (1987). Romantic love conceptualized as an attachment process. *Journal of Personality and Social Psychology, 52*(3), 511–524.

# 當年充滿著作爭議的《原神》，現在怎麼樣了？
# 智慧財產法與遊戲品牌發展之探索

### 許凱傑 *

## 摘要

　　網際網路的問世為電子遊戲帶來了革命性的影響，而智慧型手機的便攜性更讓手機遊戲於全球蓬勃發展，現今遊戲甚至因元宇宙、區塊鏈等嶄新技術變得更加創新，而隨著遊戲產業發展，法律議題隨之而來，例如遊戲內容間的模仿、抄襲如何判定，以及該問題應如何解決，至今仍有許多細節待釐清。

　　本研究著重於探討電子遊戲《原神》自上市以來所面臨的抄襲爭議，特別是與遊戲《薩爾達傳說：曠野之息》之內容元素間之比較分析。本研究深入研析了遊戲元素在現今智慧財產法與國際趨勢之保護範圍，並以知名案例 Tetris Holding, LLC v. Xio Interactive Inc. 作為主要法律判例參考，探討《原神》在智慧財產權方面之違法疑慮是否真實存在。

　　透過對細部遊戲元素圖像、影片與實際遊戲體驗的比對，本研究評估了《原神》與其他遊戲間的實質近似性，並討論了其對智慧財產權及遊戲開發所帶來的影響，包含提出遊戲可能如商標之「通用化」，形成「標準／經典化」之現象之實際觀測結果。

　　最後，本研究對《原神》儘管存在抄襲爭議，仍取得可觀商業成功之原因進行研析，並對臺灣遊戲產業提出建議，如以角色為核心打造遊戲品牌，以及如何避免法律爭議等，盼能夠在打造臺灣原創 ACG 品牌方面起到實質幫助效果。

---

* 資策會科法所研究員。E-mail: kjhsu@iii.org.tw

**關鍵字**

電子遊戲、智慧財產權、著作權、抄襲、實質近似、經典化

## Abstract

The advent of the internet has brought revolutionary changes to video games, and the portability of smartphones has led to the global boom of mobile games. Today, games have become even more innovative due to new technologies such as the metaverse and blockchain. As the gaming industry develops, legal issues arise, such as how to determine imitation and plagiarism between game contents, and how to resolve these issues, many details of which are still to be clarified.

This study focuses on the plagiarism controversy faced by the video game Genshin Impact since its launch, especially the comparative analysis of content elements with the game "The Legend of Zelda: Breath of the Wild". This research deeply analyzes the protection scope of game elements under current intellectual property law and international trends, using the well-known case of Tetris Holding, LLC v. Xio Interactive Inc. as a primary legal precedent reference, to investigate whether there is a real concern of intellectual property rights infringement in Genshin Impact.

Through the comparison of detailed game element images, videos, and actual game experiences, this study evaluates the substantial similarity between Genshin Impact and other games, and discusses its impact on intellectual property rights and game development. This includes the actual observation results of the phenomenon of "standardization/classicization", where games may become "generic" like trademarks.

Finally, this study conducts a detailed analysis of

the reasons why Genshin Impact, despite the plagiarism controversy, still achieved considerable commercial success. It proposes recommendations for emulation by the Taiwanese game industry, hoping to provide substantial assistance in creating original Taiwanese ACG brands.

## Keywords

Video Games, Intellectual Property Rights, Copyright, Plagiarism, Substantial Similarity, Standardization

## 一、前言

　　由中國米哈遊公司（Mihoyo Co. Ltd.）開發並於 2020 年 9 月發行之遊戲《原神》（Genshin Impact）受到全球大量玩家喜愛[01]，現已成為全球 ACG 文化[02]最具標誌性的遊戲品牌（IP）之一，其高營收與流行程度皆能佐證其品牌成功。根據統計，《原神》在其上市的第一年，光手機遊戲（手遊）營收即高達 20 億美元[03]，並在 2022 年手遊營收突破 40 億美元[04]，收益可謂相當豐碩，且正持續成長中。全球各地標竿性大型 ACG 活動，如美國紐約漫展[05]、日本東京電玩展[06]、中國上海動漫遊戲博覽會[07]、與臺灣漫畫博覽會[08]等，皆能看到《原神》參展舉辦活動，許多該 IP 愛好者甚至「cosplay」打扮成遊戲角色表達對遊戲的喜愛，可見其在全球受歡迎程度。《原神》甚至在 2021 年拿下 TGA「最佳手機遊戲」大獎[09]，並在 2024 年度台北國際

---

[01] 見《原神》官方網站介紹，https://genshin.hoyoverse.com/zh-tw/（最後瀏覽日：2024/08/30）。

[02] ACG，泛指動畫（Anime，尤其指日式動畫）、漫畫（Comics）與遊戲（Games），通常指此類作品與不同類型作品間互動衍生之創作，見陳佳瑩，〈什麼是 ACG〉，全球藝術教育網，2011/3/2，https://www.gnae.world/acg/（最後瀏覽日：2024/08/30）。

[03] Michael Baggs, *Genshin Impact earns $2 billion after 'unheard of' success in first year*, BBC NEWS, Sep. 30, 2021, https://www.bbc.com/news/newsbeat-58707297 (last visited Aug 30, 2024).

[04] Sophie Blake, *Genshin Impact Revenue and Usage Statistics (2023)*, MOBILE MARKETING READS, July, 25, 2023, https://mobilemarketingreads.com/genshin-impact-revenue-and-usage-statistics-2020-3/ (last visited Aug 30, 2024).

[05] *See* Genshin Global, *Review of Genshin Impact Zone at New York Comic Con (NYCC) 2022*. https://genshin.global/review-new-york-comic-con-nycc/ (last visited Aug 30, 2024).

[06] *See* GameWith, *Tokyo Game Show (TGS2022) Genshin Special Program Contents*, Oct. 14, 2022, https://gamewith.net/genshin-impact/article/show/35384 (last visited Aug 30, 2024).

[07] 見中國國際動漫遊戲博覽會（CCG EXPO 2023），上海市文化和旅遊局、廣播電視局、文物局，2023/7/14，https://whlyj.sh.gov.cn/cysc/20230717/f21c82f8ebd5468c9aed942deb7e701c.html（最後瀏覽日：2024/08/30）。

[08] 見漫畫博覽會，〈《原神》2023 漫畫博覽會 攤位活動情報公開！〉。https://www.ccpa.org.tw/comic/data.php?id=1123395（最後瀏覽日：2024/08/30）。

[09] Marc Santos, *'Genshin Impact' Wins Best Mobile Game Award At TGA 2021*, INTERNATIONAL BUSINESS TIMES, Dec. 10, 2021, https://www.ibtimes.com/genshin-impact-wins-best-mobile-game-award-tga-2021-

電玩展中，經過玩家票選，同時獲得了「最佳主機遊戲金獎」、「最佳電腦遊戲金獎」以及「最佳手機遊戲銀獎」等獎項，以上事實證明《原神》至今成就與其在玩家心目中地位是無庸置疑的，然而其甫進入市場之際，即深陷抄襲爭議，多少對商業表現與遊戲 IP 造成打擊。

《原神》之爭議是否真有違法疑慮？而其開發者米哈遊公司的考量可能為何？本文希望能透過研究《原神》從上市至今的發展，以及於智慧財產（以下簡稱智財）權利法律議題上如何處理，以帶給臺灣 ACG 相關產業建議，即如何在避免爭議的前提下，將《原神》作為借鏡與成功典範，在不侵犯他人權益，同時保護自身內容品牌之前提下，打造臺灣原創之國際 ACG 品牌。

## 二、《原神》抄襲爭議

### （一）事件背景

2019 年 8 月，米哈遊公司釋出《原神》遊戲之上市前預告片，其遊戲整體風格與當中元素，被許多玩家認為與 2017 年日本任天堂公司出品之熱門遊戲《薩爾達傳說：曠野之息》（以下簡稱《薩爾達》）十分相似。《薩爾達》為任天堂公司近年的成功作品之一，其至 2024 年 6 月為止，在全球售出了約 3,205 萬份遊戲[10]；並在 2017 年與 2018 年皆獲得了年度遊戲獎項[11]，受到玩家高度讚譽。而《原神》的預告片令許多玩家認為抄襲了《薩爾達》，剽竊了《薩爾達》成功的遊戲設計，更有玩家以毀壞遊戲機等激進方式表達對抄襲爭議的憤怒[12]。而遊戲

---

3355128#:~:text=KEY%20POINTS%201%20%22Genshin%20Impact%22%20beat%20%22Pokemon%20Unite%22,four%20days%20from%20Dec.%2011-14%20following%20the%20recognition (last visited Aug 30, 2024).

10　J. Clement, *Lifetime unit sales generated by The Legend of Zelda: Breath of the Wild on Nintendo Switch worldwide as of June 2024*, STATISTA, https://www.statista.com/statistics/1248052/zelda-botw-unit-sales/ (last visited Aug. 30, 2024).

11　*Id.*

12　Jonathan Bailey, *The Breath of the Wild Plagiarism Battle*, PLAGIARISM TODAY, Aug. 12, 2019, https://www.plagiarismtoday.com/2019/08/12/the-breath-

上市後，玩家陸續發現許多《原神》遊戲內元素，與《薩爾達》以外的其他遊戲也非常相似，例如角色攻擊動作與《尼爾：自動人型》[13]、《瑪奇英雄傳》[14] 等知名遊戲雷同，引起廣大玩家社群討論。筆者對資料進行研究時，亦覺得《原神》就資料顯示元素而言，與許多遊戲有高程度相似。

米哈遊公司對爭議進行了回覆，在一封致玩家社群的公開信中，承認其在製作《原神》時確實參考了包含《薩爾達》在內的許多優秀遊戲[15]，然而在抄襲爭議方面，其堅定表示了《原神》乃開發團隊努力原創之成果，故《原神》並未違法，且並未抄襲其他遊戲。[16]

將對該爭議之觀測時間拉長至2024年，的確，縱當年的抄襲爭議至今不時有人會拿出來討論，然而作為「被抄襲方」的任天堂公司卻從未對此爭議採取法律行動，亦不曾對該爭議發表任何回應，故在「被害人」未曾反應的情況下，《原神》IP持續發展，而當年爭議至今也僅為遊戲玩家閒談之話題。

## （二）事件爭點

《原神》當年抄襲爭議是否真有可非難之處，能導出以下議題：
1. 若《原神》於智財法上並無疑慮，為何仍引發抄襲爭議？
2. 若《原神》確實有違反智財相關法規，為何沒有面臨訴訟或受

---

of-the-wild-plagiarism-battle/ (last visited Aug. 30, 2024).

13　MrSun，〈《原神》動作與《尼爾：自動人型》重疊？引發日本和歐美玩家爭論抄襲與否〉，Yahoo! 新聞，2020/10/5，https://tw.news.yahoo.com/genshin-impact-plagiarism-043525102.html（最後瀏覽日：2024/08/30）； *Naruedyoh, Genshin Impact has the same combat animations as Nier Automata*, REDDIT, 2021, https://www.reddit.com/r/nier/comments/j4fyex/genshin_impact_has_the_same_combat_animations_as/ (last visited Aug. 30, 2024)

14　Fotch, *Genshin Impact again accused of plagiarism*, ANMO SUGOI, Nov. 18, 2023 https://en.anmosugoi.com/genshin-impact-again-accused-of-plagiarism/ (last visited Aug. 30, 2024).

15　見米哈遊公司官方公告，原神製作組致玩家的一封信，2019/6/25，https://www.miyoushe.com/ys/article/78179（最後瀏覽日：2024/08/30）。

16　Leo Reyna, Genshin Impact Studio Head Addresses Early Development Woes, Zelda Plagiarism Accusations, CBR, Aug. 14, 2023, https://www.cbr.com/genshin-impact-zelda-plagiarism-accusations/ (last visited Aug. 30, 2024).

到其他法律處分？

二議題皆以《原神》是否違反了智財相關法規為出發點，故應先對此要點研析，又俗稱之「抄襲」通常指著作權法上之實質近似，故本篇以此為分析重點。其他法律上近似，如商業外觀（trade dress）等，牽涉市場業務影響過廣，非本篇要旨。

## 三、法律上遊戲元素之實質近似規範

### （一）遊戲中受著作權法保護之範圍

根據臺灣著作權法以及國際主流智財趨勢，著作權之保護範圍為「表達（expression）」，即實際展示之文字、圖像、動畫等類型作品，而非抽象之「思想」[17]。套入電玩遊戲概念，即遊戲文字劇情、角色設計、場景美術與過場動畫等為受保護標的，然在遊戲日漸複雜，許多表達與玩法概念相關的情況下，使遊戲在著作侵權判定上相當複雜。

### （二）經典案例：Tetris Holding, LLC v. Xio Interactive Inc.

遊戲內容，包含角色、劇情、畫面與配樂等，為創意產物，故理論上應受著作權法保護，然遊戲之玩法、遊玩體驗是否令玩家感到相似，又是否受著作權保護，因通常需實際遊玩，方能做出全面比對，加上帶有玩家主觀色彩，故在舉證上對遊戲原創者而言並不友善。Tetris Holding, LLC v. Xio Interactive Inc. 案件作為遊戲原創者於著作權法及不正當競爭法方面皆勝訴之案例[18]，為目前國際遊戲訴訟上經常引用之先例，其高程度上為遊戲是否因「抄襲」而侵權給出了答案。

---

17　中華民國著作權法第10-1條：「依本法取得之著作權，其保護僅及於該著作之表達，而不及於其所表達之思想、程序、製程、系統、操作方法、概念、原理、發現」。
18　etris Holding, LLC v. Xio Interactive, Inc., 863 F. Supp. 2d 394 (D.N.J. 2012).

1. 案件背景

　　知名經典遊戲 Tetris，即遊戲「俄羅斯方塊」，其開發公司 Tetris Holding（以下 Tetris 為遊戲名，「Tetris 案」為案件名，「Tetris 公司」為公司名）向 Xio Interactive 公司（下稱 Xio 公司）提起訴訟，主張 Xio 公司開發的遊戲 Mino 對 Tetris 構成了著作侵權以及不正當競爭。依前述理由，此處針對著作侵權部分分析。

2. 案件分析

（1）侵權之遊戲元素
　　原告 Tetris 公司提出了 14 個侵權點，依法院判決附錄之比對圖，大致包含方塊輪廓、色調、移動方式、遊戲介面視覺提示等元素。[19]Xio 公司則主張這些雷同的元素是「功能性（functional）」存在而非表達，故不受到保護。[20]

（2）區分受保護之元素
　　法院以「概念表達二分法（Idea-Expression Dichotomy）」區分出 Tetris 遊戲中可受著作權保護之元素[21]，這個方法又包含了兩種判斷不受著作權保護之方式：
　　A. 概念與表達合併原則（Merger）：即當一想法與特定表達不可分割時，該表達不受保護。[22]
　　B. 必要場景原則（Scènes à faire）：即當為表達特定主題或想法，如遊戲模仿現實，或該方式是一種「標準」（standard）

---

19　楊智傑，〈手機軟體遊戲之保護：以俄羅斯方塊案為例〉，北美智權報，2014/4/2，http://www.naipo.com/Portals/1/web_tw/Knowledge_Center/Infringement_Case/publish-86.htm（最後瀏覽日：2024/08/30）。
20　*Supra note* 18, at 397-399.
21　17. U. S. C. A § 102 (b).
22　*Supra note* 18, at 403.

表達時，不受著作權法保護。[23]

法院認為，許多遊戲元素表達可視為一系列之「序列映像（sequence of image）」受到保護，且遊戲中許多元素皆有其功能，或與想法、規則相關，若單純有關聯就不受保護，有失公平，故不能完全適用 Merger 原則。[24] 必要場景原則方面，法院認為 Tetris 是一款人工想像出的遊戲（fanciful game）而非模仿現實，故亦無該原則之適用。[25] 綜上，Tetris 之遊戲元素確實應受保護。

(3) 證據比對分析

在判斷 Tetris 公司提出之爭議點確實可能受保護後，法院對提交之證據畫面進行分析，並歸納出以下要點：

A. 方塊之移動、種類、顏色紋理等外觀元素，二遊戲幾乎無分別，是為「逐字抄襲」（literal copying）程度之近似。[26]
B. 遊戲場地尺寸、方塊造型組合、提示介面等，依判決附件比對圖所示[27]，Xio 公司對以上元素有近無限種表達可加入至 Mino，為何非得與 Tetris 相同，故為近似。[28]
C. 其餘相似元素，包含鎖定方塊後變色、遊戲結束以方塊塡滿場地等特效動畫、介面顯示等，縱單獨檢視這些元素，可能因與規則功能相關不構成侵權，然整體而言，這些元素的組合構成了壓倒性的（overwhelming）近似。[29]

故最終法院認為，Mino 對 Tetris 進行了整體上的抄襲（wholesale copying），構成了著作侵權。[30]

---

23 *Supra note* 18, at 403.
24 *Supra note* 18, at 405.
25 *Supra note* 18, at 408.
26 *Supra note* 18, at 410.
27 同註 19。
28 *Supra note* 18, at 411-413.
29 *Supra note* 18, at 413.
30 *Supra note* 18, at 413.

### 3. 小結

依上述分析，可得知除單純表達相似可能構成侵權以外，以下情況亦可能構成侵權：
(1) 仍有其他的表達方式，卻執意要模仿原創。
(2) 單一相似的遊戲元素被排除保護，但眾多元素組合之類似仍可能構成實質近似。
(3) 縱與遊戲規則功能相關，然若具創意，仍可能受到保護，故對該些元素模仿仍可能侵權。

綜上，若將《原神》與《薩爾達》及其他遊戲中之爭議元素依上述邏輯提出比對，應可判斷《原神》是否因實質近似而有之侵權可能。

## 四、遊戲元素比對

### (一) 比對解析

考量到二遊戲官方皆無發表遊戲比對相關聲明，亦鮮少產業或學術資料進行遊戲比對，故僅以目前網路上可得之比對圖示、影片等資料，以及筆者實際親自遊玩之體驗進行分析。

根據目前可得之網路資料之圖片比對[31]、畫面動態比對[32]、攻擊動作比對[33]，場景與使用者介面（User Interface，UI）比對[34]，以及影片全面性比對等資料[35]，並剔除模仿真實、特定主題需要以及與

---

31 新浪遊戲，"薩爾達抄襲原神"你怎麼看，2019/6/25，https://games.sina.com.cn/y/n/2019-06-25/hytcitk7517030.shtml（最後瀏覽日：2024/08/30）。
32 Mety333, *Genshin Impact VS Zelda Breath of the Wild COMPARISON (synced side by side)*, YOUTUBE, Oct. 3, 2020, https://www.youtube.com/watch?v=TgLtAF7F_H8 (last visited Aug. 30, 2024).
33 *Supra* note 13; also *see supra* note 14.
34 GameSopt, *Genshin Impact vs. Zelda: Breath of the Wild - 20 Biggest Similarities*, YOUTUBE, Oct. 10, 2020, https://www.youtube.com/watch?v=8ooAfSSn5V4 (last visited Aug. 30, 2024).
35 Restya 瑞斯提亞，【抄襲遊戲大全】原神還是"抄"神？那些抄襲或借鑒出來的遊戲 Ep.3，YOUTUBE，2019/8/29，https://www.youtube.com/watch?v=fCk3uP5ZlX4

規則高度相關元素後，將以下可受保護元素進行比對分析，又考量到遊戲元素眾多，以於註腳列舉參照資料方式，展示較具代表性元素。
※ 考量圖片、影片取得授權複雜性，本章節建議搭配註腳資料閱讀。

1. 人物移動之方式及相關特效

　　縱攀爬、游泳、滑翔等基本動作，可能與現實、規則高度相關，或創意不足不受保護，然參照網路資料對當時遊戲畫面之比對動畫，游泳引起之月牙形水波漣漪 [36]、使用衣物或滑翔翼飛行 [37]、燃燒草地產生熱氣協助滑翔等 [38]，由於呈現以上動作，不一定要採用該些視覺效果、道具等方式表達，可認定為具創意，屬可受保護部分。依《原神》之奇幻世界觀，亦可能使用魔法或其他道具來輔助飛行，卻仍要採用與《薩爾達》類似之表達，故以熱氣協助滑翔等相關元素為低度模仿現實，亦無必要選擇與《薩爾達》相似之表達方式，故有侵權疑慮。

2. 人物攻擊之連續招式與道具使用特效

　　縱使用刀劍 [39]、雷射 [40] 或弓箭等武器、方式攻擊 [41]，皆為真實人類可達成之動作，亦為電玩遊戲常見概念，然而其連續動作編排與特效，具遊戲製作創意，應受保護。故在近無限種動作與特效組合中，若一連串動畫皆與另一遊戲相似，則高機率有侵權可能。《原神》以原創之角色，模仿包含《薩爾達》與其他遊戲角色之攻擊動作及特效，且無雷同之必要，有侵權疑慮。

---

(last visited Aug. 30, 2024).
36　同註 31。
37　*Supra note* 32。
38　*Supra note* 32.
39　同註 13。
40　同註 31。
41　同註 31。

### 3. 遊戲場景與關卡設計

遊戲場景，如建築物、自然環境等為現實世界存在之物，然建立起有趣、可供探索互動之關卡場景確實需要高度創意，故主張必要場景原則並不能合理化相似的關卡場景，該些元素應受保護。根據網路資料，《原神》中之初始關卡環境地貌、怪物聚落[42]，及可互動環境物件之安排[43]，以及「廟宇」等關卡機制互動設計，皆與《薩爾達》之「神廟」關卡環境建構高度雷同[44]，在無必要如此表達之情況下，有侵權疑慮。

### 4. 各式使用者介面（UI）[45]

遊戲中的許多功能，例如戰鬥、烹飪與道具使用等，通常會有UI，如視窗顯示或標記等來輔助玩家遊玩，一般認為高度與功能相關，不受保護，然而依 Tetris 案之邏輯，如 UI 包含具創意之展現，或是多個 UI 元素之集合編排，亦可能受到保護。如法院認為《薩爾達》之 UI 顯示縱與功能規則相關，其編排仍具創意，《原神》若具大量 UI 雷同，仍有機率構成侵權。

### （二）比對結果

綜上，可得在 Tetris 案之邏輯下，《原神》與《薩爾達》及其他許多遊戲中元素，在無雷同必要之前提下，無論將相似的受保護元素個別比對，或是將大量元素集合進行整體比對，皆可能構成實質近似。故縱無實際法院意見或判決，亦不可謂其抄襲爭議無憑，若任天堂公司依上述資料作為證據對米哈遊公司提起訴訟，應有相當機率使法院

---

42　*Supra note* 34.
43　*Supra note* 34.
44　同註 35。
45　此處靜態比對資料稀少，可觀看註 35 影片資料對 UI 之動態比對。

認定二遊戲具實質近似,構成侵權。故應釐清為何在具違法疑慮前提下,《原神》能挺過爭議並獲得當今成就。

## 五、為何抄襲爭議對《原神》打擊有限

綜觀事實,米哈遊公司至今並未受到任天堂公司或其他與抄襲爭議有關的遊戲公司主張法律權利,亦未遭法院下達任何禁制令等處分。為何《原神》有遊戲近似之事實,卻未面臨法律制裁,可能包含以下原因:

### (一)提起跨國訴訟不符合本益比

1. 近似部分因「拼貼」致比例過小

《原神》當中存在許多遊戲元素表達與《薩爾達》及其他遊戲近似,然而這些元素對於遊戲整體佔有多少比例,又是否與遊戲之核心關鍵內容高度相關,皆可能影響實質近似與侵權判定,如臺灣法院曾在過往案件中,闡釋近似部分「質」與「量」之影響。[46] 若相似部分都是各遊戲中的一小部分,再進行拼貼、縫合,而並非對同一款遊戲全面進行模仿,在相似的比例可能過少的情況下,各遊戲原創者皆不易對米哈遊公司主張侵權。

2. 跨國訴訟之成本考量

承前段論述,縱構成侵權,但因侵權比例較少,致實得賠償金額過低,將不足以彌補訴訟成本。日本任天堂公司若與中國米哈遊公司進行跨國訴訟,除跨國蒐證困難外,語言及法律體系之差別皆可能

---

46 智慧財產法院 103 年度刑智上易字第 47 號刑事判決:「所謂『實質相似』,指被告著作引用著作權人著作中實質且重要之表達部分,且須綜合『質』與『量』兩方面考量(最高法院 97 年度台上字第 3121 號刑事判決意旨參照)。」

大量增加成本,而勝訴卻也無法取得高額賠償時,利潤導向之企業耗費高成本進行低回報跨國訴訟並不實際。

3. 仍存在不利於原創之判例

縱 Tetris 案為對原創遊戲之保護開了先河,然而仍有許多遊戲抄襲相關訴訟以無侵權收場,如許多影音創作者對遊戲大廠 Epic Games 公司旗下知名遊戲《Fortnite》提起訴訟,主張其遊戲角色舞蹈動作與原創舞步雷同,然法院仍可能因舞步過於簡單,或未註冊舞步而作出未侵權判斷。[47] 縱《原神》之角色動作爭議並非模仿現實舞蹈,而是對其他遊戲角色之模仿,判斷邏輯可能不同,然就動作相似方面,該些案件亦可能增加任天堂公司的訴訟風險。

綜上,縱法院判斷《原神》與《薩爾達》間具實質近似,成立侵權並進行裁罰,卻因侵權部分過小,致賠償金額無法彌補跨國訴訟成本,任天堂公司縱勝訴亦無財務上實益,且仍需承擔敗訴風險,故缺少提起訴訟之誘因。

### (二) 遊戲版本更新對訴訟之影響

現代遊戲變化快速,遊戲業者必須經常更新遊戲內容,以確保玩家有持續遊玩的新鮮感,故現代遊戲內元素經常變更,這對遊戲之著作侵權訴訟導致以下影響:

1. 對侵權判定之影響

隨著遊戲內容快速更動,若具實質近似的內容隨著遊戲版本更動被移除,那麼侵權期間可能限縮於侵權元素被移除之前,而遊戲版

---

[47] 廖嘉成,〈從 Fortnite 的 Emote 爭議看舞蹈著作之保護(上)〉,聖島智慧財產專業團體,2022,https://www.saint-island.com.tw/TW/Knowledge/Knowledge_Info.aspx?IT=Know_0_1&CID=571&ID=32375(最後瀏覽日:2024/08/30)。

本日期亦會影響畫面證據之效力。如臺灣著作權法損害賠償相關規定，即給予法院依情節判斷賠償金額之權限[48]，而侵害行為持續時間長短、因侵害行為所得之利益等情節，參照德國法院將侵權損害類推授權金額之實務見解，皆可能影響侵權判斷。[49] 又如中國遊戲侵權案件「《泡泡堂》對《QQ堂》案」中，法院曾要求原告韓國 Nexon 公司提交更早版本的原創遊戲畫面證據，否則目前提交之證據版本可能晚於被告遊戲之公開日期，致創新程度有疑慮，由此可見遊戲版本在訴訟上對證據之影響性。[50]《薩爾達》縱發行早於《原神》，然在證據上，法院必須就提交證據畫面之遊戲版本進行判定，此時遊戲版本除影響證據上孰為原創者外，近似版本之維持期間長短，亦可能影響法院對侵權情節判定與賠償金額。

2. 遊戲元素取證困難

承前段，若在法庭上進行舉證，勢必得對具侵權元素之遊戲畫面以圖片或影片形式進行擷取，然若包含侵權元素之遊戲版本已被汰換，便無法對爭議部分進行取證。如欲對被告遊戲公司徵提遊戲更新紀錄，若無法院強制力亦存在取證困難，加上遊戲為一系列影音集合體，若無法透過影片或實際遊玩展示證據，僅以靜態圖片展示，亦對證明力產生不利影響。綜上，一旦具爭議之遊戲版本遭移除，要取得能在法庭上展示之有效證據相當困難。如筆者於 2024 年再次將《原神》

---

[48] 摘自中華民國著作權法第 88 條第 3 項：「……如被害人不易證明其實際損害額，得請求法院依侵害情節，在新臺幣一萬元以上一百萬元以下酌定賠償額」。

[49] 見施志遠，〈我國著作權法第 88 條第 3 項法定賠償計算方式之研究〉，《智慧財產月刊》，第 287 期，頁 82，（2022）；亦見王怡蘋，〈著作權損害賠償之再建構：以德國法為借鏡〉，臺大法學論叢第 44 卷第 3 期，頁 857-858，「……如被害人未有類似之授權契約，法院得參考授權交易市場上廣為接受之授權契約內容，縱使授權交易市場上亦不存在廣為接受之授權契約，法院仍得考量系爭案件之所有情事，如侵害行為之範圍、時間長短、方式等、受侵害權利之經濟價值、被害人之聲譽與形象等因素，以酌定類推授權……」，（2015）。

[50] 北京第一中級人民法院 2006 年初字第 8564 號判決書，「被告就此認為無法確認原告當日下載的、本案中主張權利的 37 個畫面，其產生時間早於被告遊戲中的相應內容。考慮到網路遊戲確實比較經常產生變動，本院認為原告應進一步舉證證明 2005 年 10 月 10 日的新版本"金某島之夢"與其在先版本的關係，或者以其他方式證明本案中其主張權利的內容在早於被告 QQ 堂遊戲的泡泡堂遊戲版本中已經存在」。

與《薩爾達》針對以上提及之相似元素進行實際遊玩動態比對，就主觀體驗上，除了弓箭射擊畫面仍感覺與《薩爾達》畫面近似，其餘在先前章節圖中展示之元素，近似感皆不強，撇除個人觀感，亦可能是《原神》在長期經營下，已逐漸將具爭議部分以原創元素進行取代。

## （三）遊戲類型之「經典化」

### 1. 何謂「經典化」

「經典化」並非現行遊戲訴訟時所使用之專有術語，實為筆者觀測到近年遊戲產業之一種現象，如同智財權之商標可能因為「通用化」，讓商標變得過於通俗而失去識別性[51]；遊戲也可能因其創造了一種「經典」玩法，使其最終成為一種通俗標準或遊戲類型，導致原本具創意的表達與遊戲規則高度關聯，而失去著作權保護。

### （1）遊戲訴訟前案之解釋

根據 Tetris 案中，法院引用之 Mortg. Mkt. Guide 案件內容：「當電玩遊戲中的近似特徵，是現實中處理特定想法無可避免的方式，或至少是一種『標準／典型（standard）』的方法時，該特徵應被視為思想，不受保護。」[52] 依此分析看來，確實有許多遊戲的呈現方式已成為一種標準，如格鬥遊戲中將雙方生命值以條狀呈現於螢幕左、右方，已成為一種典型方式，故幾乎沒有原創者以此相似點提起侵權訴訟。

---

51 Viktor Johansson, *The Ultimate Guide to Generic Trademarks*, DIGIP, May 15, 2023, https://www.digip.com/blog/post/the-ultimate-guide-to-generic-trademarks (last visited Aug. 30, 2024).

52 Mortg. Mkt. Guide, 2008 WL 2991570, at *35, 2008 U.S. Dist. LEXIS 56871, at 104–105. ("[W]hen similar features in a videogame are as a practical matter indispensable, or at least standard, in the treatment of a given idea, they are treated like ideas and are therefore not protected by copyright.").

（2）以商標「通用性」解釋

如同一款商標因廣為人知，進而以該商標名為該種商品服務之代名詞，例如「Google」原為美國 Google 公司之網路搜尋引擎產品，今已成為「搜尋」動詞之代稱，因而引起通用化爭議[53]；同樣地，一款遊戲因廣為人知，亦可能開創了一種新的遊戲型態，成為該類型遊戲之代名詞。故當其他開發者模仿該遊戲來製作自己的遊戲作品時，很可能被認為僅在製作一款該「類型、風格」的遊戲，而非抄襲。

2. 遊戲經典化之範例

（1）「魂系」（Soul-like）遊戲

魂系遊戲的出現，可追溯至日本 FromSoftware 公司與其知名製作人宮崎英高先生[54]，其所製作的遊戲《惡魔靈魂》（Demon's Souls）作為鼻祖，並以同為該公司開發之相似類型遊戲《黑暗靈魂》（Dark Souls）系列之「魂（soul）」字樣作為類型名稱。[55] 該類遊戲通常為高難度動作遊戲，玩家需透過多次失敗，反覆學習並發揮創意，尋找到正確路徑並打倒頭目（Boss）通關。由於此類遊戲特色鮮明，故後人喜愛用「魂系／類魂」來稱呼具備這些元素的遊戲。[56]

（2）「類銀河戰士惡魔城」（Metroidvania）遊戲

此類遊戲通常為具大型相連地圖的動作冒險遊戲，會讓玩家在初期關卡看見無法到達或開啟之通道，待在後續關卡取得特殊能

---

[53] Intepat, *Is Google A Generic Trademark?*, Apr. 24, 2020, https://www.intepat.com/blog/is-google-a-generic-trademark/#:~:text=The%20Court%20held%20that%2C%20despite,not%20make%20the%20word%20generic. (last visited Aug. 30, 2024).

[54] Fandom, Hidetaka Miyazaki, https://darksouls.fandom.com/wiki/Hidetaka_Miyazaki (last visited Aug. 30, 2024).

[55] Robert Brandon, *All FromSoft & Dark Souls Games in Order*, TECH GUIDED, Sep. 29, 2023, https://techguided.com/fromsoft-dark-souls-games-order/ (last visited Aug. 30, 2024).

[56] Trent Cannon, *What Are Soulslike Games? The History and Appeal, Explained*, WHATNERD, Oct. 11, 2022, https://whatnerd.com/what-are-soulslike-games-history-appeal-explained/ (last visited Aug. 30, 2024).

力或道具後，再回頭解鎖該些通道進行探索，以此引發玩家的冒險精神。又此特色以早期日本任天堂公司開發之遊戲《超級銀河戰士》（Super Metroid）[57]，以及日本 Konami 公司發行之《惡魔城》（Castlevania）之關卡設計最為出名[58]，故往後以該二遊戲之合併名稱 Metroidvania 作為具該些元素遊戲類型之代稱。[59]

3. 小結：經典化的擔憂

根據以上案例，能得知一款受歡迎且具創新之遊戲，自身很可能成為一種嶄新的遊戲類型，如此將導致模仿者成為另一該類型的遊戲，而非抄襲者，畢竟「類型、風格」尚不足以成為可受保護之表達。《薩爾達》作為近期知名成功遊戲，令不少玩家開始將具相似特色遊戲稱為「薩爾達風格（Zelda-like）」遊戲。[60]《原神》若被視為一款該風格遊戲，其元素近似即為針對該類型主題之創作，可能降低侵權之機率。

（四）小結：為何難以對《原神》採取法律行動

綜上，能得出以下難以對《原神》採取法律行動之原因：
1. 訴訟成本過高，且存在不利原創者前案，風險過大。
2. 遊戲版本更迭快速，靜態證據難以闡明近似，皆致舉證不易。

---

57　IMDb, Supertroid, https://www.imdb.com/title/tt0206330/ (last visited Aug. 30, 2024).
58　Konami, Castlevania, https://www.konami.com/games/castlevania/eu/en/history (last visited Aug. 30, 2024).
59　MasterClass, *Metroidvania Games: 5 Characteristics of Metroidvania Games*, July 21, 2021, https://www.masterclass.com/articles/metroidvania-definition (last visited Aug. 30, 2024).
60　Mike Mahardy, Nicole Clark, Nicole Carpenter & Owen S. Good, *The 11 best Zelda-likes to play after Tears of the Kingdom*, Polygon, May 15, 2023, https://www.polygon.com/zelda/23634048/best-games-like-zelda-on-nintendo-switch-pc-ps5-xbox (last visited Aug. 30, 2024).

3. 遊戲之經典、標準化，使模仿者侵權程度降低。

故《原神》確實有近似爭議，然至今無原創遊戲廠商對其提起訴訟，而如何逐漸擺脫抄襲爭議，使其邁向成功，為最終探討之要點。

## 六、結論：《原神》帶來的啟示

### （一）《原神》為何能成功

縱《原神》因各方面原因，致抄襲爭議在法律上對其打擊有限，然而一款遊戲並不會單因未受法律制裁而取得成功，經資料蒐整與筆者親身遊玩體驗，認為《原神》成功之原因大致如下：

1. 豐富的遊戲角色

如同《薩爾達》中具備許多設計出眾之角色，《原神》中亦具備大量優質角色，且數量達 50 位以上，每一位角色皆有亮麗的獨特外型與深刻的原創背景故事，令其在遊戲與商業等方面有更多優勢，如遊戲中隊伍搭配更多元，玩家也更容易發現自己喜愛的角色並產生共鳴，周邊商品製作也有更多選擇等。眾多優質遊戲角色不僅豐富遊戲內容，也讓商業策略更加多元。[61]

2. 多平臺經營

《原神》除了能以手機遊玩以外，目前亦能夠在個人電腦（PC）與 PlayStation（PS）家庭遊戲主機（家機）遊玩，不僅獲得了手遊便於遊玩之優勢，PC、PS 之遊戲版本不但可獲得更好的硬體效能，亦能吸引該些裝置之玩家，拓展更廣大的遊戲社群，並建立不同社群

---

[61] Omer Nadeem Awan, *10 Reasons Why Genshin Impact is So Popular*, GAME VOYAGERS, 2023, https://gamevoyagers.com/10-reasons-why-genshin-impact-is-so-popular/ (last visited Aug. 30, 2024).

間之「行銷矩陣」（Marketing Matrix），有助遊戲 IP 持續成長。[62]

### 3. 在自身優勢基礎上，廣納其他遊戲優點

縱《原神》過度模仿其他遊戲造成爭議，然亦不乏將他人特色，融入手遊便利性及多平臺客群優勢，打造出良好的遊戲體驗。如將可比擬《薩爾達》的宏大世界觀，揉合《原神》自身不強迫內購交易，免費玩家亦可輕鬆遊玩通關之特色，加上反映出不同國家文化之城鎮與角色，令玩家能隨時以手機獲得獨特的開放式世界遊戲體驗。許多玩家皆表示喜愛《原神》能夠休閒遊玩與元素眾多之優點，可見《原神》將他人長處化為自身優勢之一項例證。[63]

## （二）臺灣遊戲產業應如何借鑑

在釐清《原神》如何度過抄襲爭議，又有哪些優點值得學習後，臺灣遊戲產業應如何以其為典範或警惕，在此摘整出以下要點：

### 1. 避免不必要之近似

同先前分析，遊戲元素、玩法之近似，在現行國際趨勢上確實有侵權疑慮，縱《原神》因各種原因未面臨訴訟，不代表過度模仿皆不會受法律制裁，亦不代表能縱容高營收遊戲進行抄襲。縱未遭原創者主張法律上權利，社群輿論亦可能對商譽及遊戲 IP 造成打擊，故遊戲原創者應避免與他人遊戲元素或玩法不必要之近似。

### 2.「角色」之重要性

塑造背景、形象豐滿之角色，無論對遊戲內容或經濟營收方面

---

[62] Gareth Hancock, *The Marketing Matrix Guide: Understand & Engage Your Customers*, CXL, Jan.3, 2023, https://cxl.com/blog/marketing-matrix/ (last visited Aug. 30, 2024).

[63] *Supra* note 61.

皆有良好效益，日本近年甚至建立「角色銀行」，來分析各類角色之經濟數據。[64]《原神》擁有大量秀外慧中之角色，讓玩家在遊玩時，透過與角色的共鳴沉浸在遊戲世界中。

而經筆者觀察，設計傑出的角色不僅能讓遊戲內容引人入勝，亦在抄襲防治方面能發揮其作用。遊戲產業縱因各種原因，致原創者維權困難，然若原創角色形象已深植人心，令玩家能有效辨別，並對其喜愛角色展現忠實度，則可有效遏止模仿者侵蝕既有市場。如《精靈寶可夢》之「皮卡丘」[65]、近年影視化遊戲《獵魔士》之主角「傑洛特」[66]，皆為塑造成功之角色，縱後進者對該些角色所屬遊戲進行抄襲，玩家仍能有效識別出模仿者，且不影響對原創角色之喜愛。

### 3. 嘗試多平臺營銷

同前述，透過在不同遊戲平臺發行遊戲，建立更廣大的遊戲社群，除了獲得更多的玩家基數以外，亦有利帶動行銷。故在技術與成本允許的情況下，遊戲創作者應多嘗試為不同的裝置開發遊戲，或讓遊戲可在各種不同裝置或遊戲平臺遊玩以拓展自身玩家社群。

以上為經研析《原神》之法律爭議與其成功要件後，對臺灣遊戲產業之建議，然亦能理解所謂「避免智財法律爭議，以角色帶動遊戲IP進行多平臺行銷」一言敝之的策略方針，實則牽動遊戲產業生態眾多面向，施行起來具困難度，且經營角色亦非避免抄襲之免死金牌，

---

[64] 吳致良，〈IP 角色授權・日本〉日本角色銀行總裁陸川和男：數位與實體世界的融合，是未來重要趨勢〉，OPENBOOK，2023/9/20，https://www.openbook.org.tw/article/p-68096#:~:text=%E6%97%A5%E6%9C%AC%E8%A7%92%E8%89%B2%E9%8A%80%E8%A1%8C%E6%98%AF%E5%B0%88%E9%96%80,%25%EF%BC%8C%E5%A5%B3%E6%80%A7%E7%82%BA83.8%25%E3%80%82（最後瀏覽日：2024/08/30）。

[65] Lincoln Geraghty, *Pikachu to depart: a brief history of the world's favourite Pokémon*, THE CONVERSATION, May 6, 2023, https://theconversation.com/pikachu-to-depart-a-brief-history-of-the-worlds-favourite-pokemon-201054 (last visited Aug. 30, 2024).

[66] Fandom, Geralt of Rivia, WITCHER WIKI, https://witcher.fandom.com/wiki/Geralt_of_Rivia (last visited Aug. 30, 2024).

熟悉相關法律者亦可巧妙避開具保護元素進行模仿。故此經營政策建議並非採納即可獲得巨大成功，而是在理解法律給予遊戲元素保護有限之前提下，創造品牌收益，並逐漸鞏固遊戲 IP 之忠誠度，進一步發展為成熟之 ACG 品牌。

（三）結論

　　《原神》因其巧妙地模仿了他人特長，縱具爭議，然因本益比不佳、風險過高、蒐證不易及經典化等原因，使受模仿者難以對其提起訴訟。而《原神》確實也在角色設計、多平臺營銷以及廣納優點方面下足功夫，使其獲得了全球高營收，以及眾多獎項成就。

　　縱《原神》未面臨法律訴訟，仍不應鼓勵抄襲行為，遊戲開發者仍應盡力避免作品元素與其他遊戲過度近似，以維護自身利益與商譽，並在成本與技術允許之情況下，打造以角色為核心之遊戲 IP，嘗試多平臺經營業模式，最終以不同社群之交互效果，帶動 IP 之國際化。臺灣不乏具天賦且持續努力之遊戲原創者，盼本篇能為產業帶來些許啟示，協助打造國際化之臺灣 ACG 品牌。

## 參考文獻

楊智傑（2014 年 4 月 2 日）。手機軟體遊戲之保護：以俄羅斯方塊案為例。北美智權報。

施志遠（2022）。我國著作權法第 88 條第 3 項法定賠償計算方式之研究。智慧財產月刊，287，82。

王怡蘋（2015）。著作權損害賠償之再建構：以德國法為借鏡。臺大法學論叢，44（3），857-858。

智慧財產法院 103 年度刑智上易字第 47 號刑事判決。

北京第一中級人民法院 2006 年初字第 8564 號判決書。

Tetris Holding, LLC v. Xio Interactive, Inc., 863 F. Supp. 2d 394 (D.N.J. 2012).

Mortg. Mkt. Guide, 2008 WL 2991570, at *35, 2008 U.S. Dist. LEXIS 56871.

MrSun（2020 年 10 月 5 日）。《原神》動作與《尼爾：自動人型》重疊？引發日本和歐美玩家爭論抄襲與否。Yahoo! 新聞。https://tw.news.yahoo.com/genshin-impact-plagiarism-043525102.html（最後瀏覽日：2024/08/30）

米哈遊公司官方公告（2019 年 6 月 25 日）。原神製作組致玩家的一封信。https://www.miyoushe.com/ys/article/78179（最後瀏覽日：2024/08/30）。

新浪遊戲（2019 年 6 月 25 日），「薩爾達抄襲原神」你怎麼看。https://games.sina.com.cn/y/n/2019-06-25/hytcitk7517030.shtml（最後瀏覽日：2024/08/30）。

廖嘉成（2022）。從 Fortnite 的 Emote 爭議看舞蹈著作之保護（上）。島智慧財產專業團體。https://www.saint-island.com.tw/TW/Knowledge/Knowledge_Info.aspx?IT=Know_0_1&CID=571&ID=32375（最後瀏覽日：2024/08/30）。

吳致良（2023 年 9 月 20 日）。IP 角色授權・日本》日本角色銀行總裁陸川和男：數位與實體世界的融合，是未來重要趨勢。OPENBOOK。https://www.openbook.org.tw/article/p-68096#:~:text=%E6%97%A5%E6%9C%AC%E8%A7%92%E8%89%B2%E9%8A%80%E8%A1%8C%E6%98%AF%E5%B0%88%E9%96%80,%25%EF%BC%

8C%E5%A5%B3%E6%80%A7%E7%82%BA83.8%25%E3%80%82（最後瀏覽日：2024/08/30）。

Michael Baggs(2021,Sep.30). *Genshin Impact earns $2 billion after 'unheard of' success in first year*. BBC NEWS. https://www.bbc.com/news/newsbeat-58707297 (last visited Aug 30, 2024).

Sophie Blake(2023,July 25). *Genshin Impact Revenue and Usage Statistics (2023)*. MOBILE MARKETING READS. https://mobilemarketingreads.com/genshin-impact-revenue-and-usage-statistics-2020-3/ (last visited Aug 30, 2024).

Marc Santos(2021, Dec.10). *'Genshin Impact' Wins Best Mobile Game Award At TGA 2021*. INTERNATIONAL BUSINESS TIMES. https://www.ibtimes.com/genshin-impact-wins-best-mobile-game-award-tga-2021-3355128#:~:text=KEY%20POINTS%201%20%22Genshin%20Impact%22%20beat%20%22Pokemon%20Unite%22,four%20days%20from%20Dec.%2011-14%20following%20the%20recognition (last visited Aug 30, 2024).

Naruedyoh(2021). *Genshin Impact has the same combat animations as Nier Automata*. REDDIT. https://www.reddit.com/r/nier/comments/j4fyex/genshin_impact_has_the_same_combat_animations_as/ (last visited Aug 30, 2024).

Leo Reyna(2023, Aug.14). *Genshin Impact Studio Head Addresses Early Development Woes, Zelda Plagiarism Accusations*. CBR. https://www.cbr.com/genshin-impact-zelda-plagiarism-accusations/ (last visited Aug 30, 2024).

Viktor Johansson(2023, Feb.15). *The Ultimate Guide to Generic Trademarks*. DIGIP. https://www.digip.com/blog/post/the-ultimate-guide-to-generic-trademarks (last visited Aug 30, 2024).

Intepat(2020,Apr.24). *Is Google A Generic Trademark?*. https://www.intepat.com/blog/is-google-a-generic-trademark/#:~:text=The%20Court%20held%20that%2C%20 despite,not%20make%20the%20word%20generic. (last visited Aug 30, 2024).

Omer Nadeem Awan(2023). *10 Reasons Why Genshin Impact is So Popular*. GAME VOYAGERS. https://gamevoyagers.com/10-reasons-why-genshin-impact-is-so-popular/ (last visited Aug 30, 2024).

Gareth Hancock(2023,Jan.3). *The Marketing Matrix Guide: Understand & Engage Your Customers*. CXL. https://cxl.com/blog/marketing-matrix/ (last visited Aug 30, 2024).

Mety333(2020,Oct.3). *Genshin Impact VS Zelda Breath of the Wild COMPARISON (synced side by side)*. YOUTUBE. https://www.youtube.com/watch?v=TgLtAF7F_H8 (last visited Aug 30, 2024).

GameSopt(2020, Oct.10). *Genshin Impact vs. Zelda: Breath of the Wild - 20 Biggest Similarities*. YOUTUBE. https://www.youtube.com/watch?v=8ooAfSSn5V4 (last visited Aug 30, 2024).

Restya 瑞斯提亞（2019 年 8 月 29 日）。【抄襲遊戲大全】原神還是 " 抄 " 神？那些抄襲或借鑒出來的遊戲 Ep.3。YOUTUBE。 https://www.youtube.com/watch?v=fCk3uP5ZlX4 (last visited Aug 30, 2024).

當年充滿著作爭議的《原神》，現在怎麼樣了？
智慧財產法與遊戲品牌發展之探索

轉生圖像世界的多種方法 —台灣 ACG 研究學會年會論文集 2

主編：李衣雲、王佩廸

封面插畫：丁浩盆

美術設計：Harper
執行編輯：錢怡廷
總編輯：廖之韻
創意總監：劉定綱
出版：奇異果文創事業有限公司
地址：台北市中正區羅斯福路四段 24 巷 13 號 B1
電話：（02）23684068
傳真：（02）23685303

總經銷：紅螞蟻圖書有限公司
地址：台北市內湖區舊宗路二段 121 巷 19 號
電話：（02）27953656
傳真：（02）27954100

初版：2024 年 12 月
ISBN：978-626-7677-00-1
定價：新台幣 350 元

版權所有 ‧ 翻印必究

Printed in Taiwan

國家圖書館出版品預行編目 (CIP) 資料

轉生圖像世界的再進化：台灣 ACG 研究學會年會論文集 . 2/ 李衣雲、王佩廸主編 . -- 初版 . --
臺北市 : 奇異果文創事業有限公司 , 2024.12
面 ； 公分
ISBN 978-626-7677-00-1( 平裝 )

1.CST: 文化研究 2.CST: 動漫 3.CST: 文集

541.307　　114002757